사람은 변한다, 그대만 원한다면!

CHANGE

사람은 변한다,
―――――― 그대만 원한다면!
CHANGE

초판1쇄 발행 2024년 6월 25일

지은이 권성민
펴낸이 정광진

펴낸곳 봄풀
디자인 모아김성엽

신고번호 제406-3960100251002009000001호
신고년월일 2009년 1월 6일

주소 주소 경기도 고양시 일산동구 숲속마을1로 116
전화 031-955-9850
팩스 031-955-9851
이메일 spring_grass@nate.com

ISBN 978-89-93677-99-7 13320

ⓒ 2024 권성민
이 책은 저작권자와의 계약에 따라 저작권법의 보호를
받는 저작물이므로 저자와 출판사의 허락 없이 내용의 일부 또는
전부를 발췌하거나 인용해 사용하는 것을 금합니다.

＊잘못 만들어진 책은 구입처에서 바꾸어 드립니다.

사람은 변한다, ——————
—————— 그대만 원한다면!

CHANGE

권성민 지음

봄풀

차례

추천사 ··· 008
프롤로그 내가 상상하면 현실이 된다 ··· 014

CHANGE ONE. 생각이 변하다

'사람은 절대 안 변해'에서 '변한다'로 ··· 021

'비관'에서 '초긍정'으로 ··· 026

'HOW TO'에서 'WHY'로 ··· 032

'내 주제에'에서 '나니까!'로 ··· 036

'프로 불평러'에서 '감사쟁이'로 ··· 041

'지름길'에서 '정공법'으로 ··· 046

CHANGE TWO. 태도가 변하다

'만년 지각생'에서 '워커홀릭'으로 ··· 053
'작심삼일'에서 '끝장 보기'로 ··· 058
'몽상가'에서 '리얼리스트'로 ··· 064
'빨리'에서 '제대로' ··· 069
'프로 대충러'에서 '진짜 프로'로 ··· 074
'경쟁자'에서 '창조자'로 ··· 080
'수동태'에서 '능동태'로 ··· 085
'되는 대로'에서 '루틴 장착'으로 ··· 091
'갈구하는 사람'에서 '결과를 믿는 사람'으로 ··· 096

CHANGE THREE. 몸이 변하다

'불만 가득 상'에서 '웃는 얼굴'로 ···103
'졸린 눈'에서 '초롱초롱한 눈'으로 ···108
'사진 기피자'에서 '기록광'으로 ···115
'골골 체질'에서 '몸짱'으로 ···121
'잠만보'에서 '4시간 수면'으로 ···128
'공황장애 환자'에서 '마음 돌보미'로 ···133
'만성피로'에서 '극강의 에너지'로 ···139

CHANGE FOUR. 모든 게 변하다

'신용불량자'에서 '성실 신고 대상자'로 ···147
'특성화고 말썽꾼'에서 '금융회사 사업단장'으로 ···155
'떠돌이 직장인'에서 '행복한 리더'로 ···162
'킬링타임 도구'에서 '행동하는 도구'로 ···170
'극 I'에서 핵인싸 '극 E'로 ···176
'쥐려는 사람'에서 '나누는 사람'으로 ···181
'명품도 짝퉁'에서 '보세도 명품'으로 ···187

CHANGE FIVE. 변화의 치트키

사람을 진심으로 대하기	···195
사소한 경험도 소중히 여기기	···200
1등 해보기	···206
정보를 지식으로 만들기	···211
생각 즉시 행동하기	···216
하나 먼저 탄탄하게 구축하기	···220
롤모델 찾기	···225
책과 대화하기	···229
지독히 상상하기	···234
함께 살기	···238

에필로그 마음만 먹는다면 언제든 변할 수 있다 ··· 242

추천사

내가 이 책을
자신있게 추천하는 이유

● **강원국**

모든 일은 하던 대로 하는 게 쉽고 편하다. 그래서 우리는 변화를 싫어한다. 관성으로 살아가고 싶은 게 인간의 본성이다. 나 역시 그랬다. 직장 생활 내내 관행을 좇아 살던 대로 살아왔다. 시간의 흐름에 몸을 맡기고 흘러왔다. 그래도 큰 낭패는 없었다. 문제는 직장을 나와서부터였다. 새롭게 거듭나지 않고서는 생존이 위협받았다. 살아가기 위해서는 변화가 필요했다.

쉰두 살부터 아침마다 '나는 책을 열 권 써서 100만 권을 판 작가이다.'라고 입속말을 했다. 내 의지로 하는 말이 아니다. 세수를 하면 무의식적으로 나오는 말이다. 지난 10년간 하루도 거르지 않고 말했다. 아직 100만 권을 팔진 못했지만 책 열 권은 이미 썼다.

글을 쓸 때도 반복적으로 하는 일이 있다. 글을 쓰기 전에 하루 일과를 기록하는 메모장에 "~글을 썼다."라고 써놓고 시작한다. 아직 쓰지 않은 글을 다 썼다고 못박아두고 출발하는 것이다. 그렇게 시작해서 쓰지 못한 글이 없다. 지금 쓰고 있는 글도 물론 그렇게 시작했다.

나는 '자기암시'라든가 '자기실현적 예언 효과' '긍정 확언' 등에 관해 이론적으로 잘 알지 못한다. 하지만 체험을 통해 그 효능을 확인했다. 내가 이 책을 자신 있게 추천하는 이유다. 읽는 내내 '맞아, 맞아! 나도 그랬어.'를 연발했다. 같은 비밀을 공유하고 비슷한 길을 가는 동지를 만난 느낌이었다. 지금 당장 변화가 필요한 분에게, 그리고 새로운 변화를 꿈꾸는 이에게 이 책을 추천한다.

● 강원국

서울대 외교학과 졸업. 김대중 전 대통령의 연설 비서관실 행정관, 노무현 전 대통령의 연설 비서관 등으로 일하며 리더들의 말과 글을 쓰고 다듬었다. 지금은 집필, 강연, 방송 활동에 전념하며 자기 말을 하고 자기 글을 쓰며 산다. 《대통령의 글쓰기》, 《강원국의 진짜 공부》, 《강원국의 인생 공부》 등을 썼다.

추천사

"그 무렵 나는 특이한 피난처를 찾아냈다. 흔히 말하듯이, 우연히 찾아냈다. 하지만 그런 우연은 존재하지 않는다. 누군가가 자신에게 꼭 필요하다고 생각하는 것을 찾아내게 되면 그것은 우연에 의한 것이 아니다. 그 자신, 그 자신의 갈망과 필연이 그것으로 이끈 것이다."

소설 '데미안'에 나오는 문장이다. 저자는 자신이 간절히 원하는 것에 대한 갈망과 필연을 만들어 자신이 속한 세상을 원하는 모습대로 바꿔나갔다. 이 책을 통해 생각대로 사는 사람이 더 많아지길 기대한다.

● 생각대로사는여자 박제인

《영향력을 돈으로 만드는 기술》 저자. 퍼스널브랜딩 전문가로 인플루언서가 자기만의 카테고리에서 영향력을 펼치는 법을 알려주고 있다.

누군가 지금을 '포기의 시대'라고 했다. 연애, 결혼, 출산을 포기한 '삼포세대'부터 시작해 최근에는 '구포세대'까지 포기를 강요하는 이 시대에 이 책을 통해 희망을 발견하길 바란다. 특히, 무언가를 포기할까 고민하는 MZ세대에게 이 책을 권한다.

● (주)석찬 대표 채동찬

프랜차이즈 '후라토 식당'을 운영하는 (주)석찬의 대표로 최근 '괴짜'라는 뜻의 스트리트 캐주얼 패션 브랜드 '이센트릭'을 론칭했다.

추천사

삶의 고통을 피하지 않고 극복해낸 사람에겐 향기가 난다. 인고의 시간으로 얻어낸 향기로 사람들의 경제적 성공을 이끄는 리더로 살아가고 있는 저자의 지혜가 많은 사람들에게 용기와 희망이 되어주리라 기대한다.

● **심리 컨설턴트 박세니**
《어웨이크》 등 다수의 책을 썼다. 국내 최초로 성공심리학프로그램을 연구 개발, 매년 수천 명을 코칭하고 있으며 강사로 활발히 활동 중이다.

이 책은 저자의 변화와 성장, 실패와 성공의 과정을 마치 멘토에게 듣는 스토리처럼 솔직하고 진솔하게 공유하고 있어 도전과 변화, 성장을 꿈꾸는 독자들에게 감명 깊은 지침서가 될 것이다.

● **인카금융서비스(주) 사장 심두섭**

국내 최대 GA인 인카금융서비스(주)에서 전무, 부사장, 영업부문 총괄대표를 거쳐 현재 사장으로서 많은 직원들의 성장을 돕고 있다.

프롤로그

내가 상상하면
현실이 된다

장대비가 쏟아지던 2010년 여름 어느 날 새벽, 수유동에 살던 우리 가족은 연신내에 있는 컨테이너 박스 비슷한 곳으로 이사를 했다. 야반도주하듯 떠나는 우리들의 눈물을 감춰주려는 듯 하늘은 엄청난 빗물을 아래로 쏟아부었다. 당시 나는 대학 편입 준비 중이었고, 동생은 교회에서 직원으로 성실하게 일을 하고 있었는데, 알고 보니 어머니 사업이 잘못돼 더 이상 감당할 수 없을 만큼 빚이 불어난 상태였다. 일수 빚을 갚으려면 군생활 중 후임과 이야기를 나누면서 꾸게 된 4년제 대학 진학은 언감생심! 하루하루 일당으로 돈을 벌어야만 했다. 허망한 현실에 좌절감이 밀려왔다.

맨 처음 직장은 을지로 노래주점이었다. 월급은 적었지

만, 매일 손님들에게 받는 팁만으로도 생활이 가능하다는 말에 웨이터 일을 시작했다. 당시 "미스터 권"이라며 나를 부르던 여사장님의 목소리가 아직도 귓가에 생생하다. 하지만 그곳은 을지로에 있는 그 많은 노래주점 중 가장 장사가 안되는 사업장이었다. 흔히, 공쳤다고 말하는, 손님이 한 명도 없는 날이 있을 정도였다. 그런 날은 사장님도 민망했는지 일찍 퇴근하라며 새벽 2~3시쯤 택시 타고 가라며 만 원짜리 한 장을 손에 쥐어주었다. 팁은 받지 못했지만 그래도 감사했다.

택시로 을지로에서 연신내까지 가는 데 만 원은 간신히 택시비는 되었지만 나는 그 돈을 차마 택시비로 날릴 수가 없었다. 그런 날은 무작정 걸었다. 광화문을 지나 수색을 넘어 연신내까지 밤새 걷고 또 걸었다. 지하철로 열 정거장 정도 되는 길을 걷는 내내 비참한 현실에 눈물을 멈추지 못했다. 그리고 집에 도착해 그 만 원짜리 한 장을 어머니께 건네고 나서야 잠에 빠져들었다.

그대로는 빚을 갚기는커녕 점점 더 늘어날 것만 같아 걱정이 이만저만 아니었다. 더 많이 벌 수 있는 방법을 찾다가 압구정역과 신사역 사이에 있는 호텔 나이트 클럽에서 웨이터로 일하는 군대 후임에게 연락했다. 그런데 그곳은 처음엔 웨이터도 아닌 웨이터 보조로 들어가야 하며, 심지어 입사비 명목으로 무려 100만 원이나 내야 한다고 했다. 그만큼 귀한(?)

자리라면서……. 수중에 돈 한푼 없던 나는 사정사정해 매일 조금씩 입사비를 갚아나가는 조건으로 일을 시작했다. 하지만 동료들은 근 3개월간 나에게 말도 걸지 않았는데, 텃세 때문이 아니라 그만큼 일이 너무 힘들고 고돼 하루 이틀 만에 도망가는 사람이 많아서 그렇다는 얘기를 3개월 뒤에야 들었다.

쟁반 한번 제대로 들어본 적 없어 빈 병을 치우다 떨어뜨려 깨기 일쑤였던 나는 매일 영업이 끝난 후 쟁반에 빈 병을 얹고 나르는 연습을 했다. 아침 7시 전후 나의 퇴근길은 다른 사람들의 출근길이었다. 잠깐 앉을 짬은커녕 너무 바빠 밥도 못 먹는 날이 부지기수였다. 밤새 지하를 뛰어다니다가 집에 들어가면 발바닥에 찰싹 달라붙은 양말을 떼내야 했는데, 무척 고통스러웠다. 또 양 허벅지 안쪽이 다 쓸려 씻고 연고를 바르고 나면 강제로 두 다리를 벌린 채 잠을 자야 했다. 그래도 하루에 적어도 10만 원에서 20만 원은 벌 수 있고, 집에 매일 현금을 가져다줄 수 있다는 생각에 지칠 수 없었다.

주민등록초본을 떼어보면 마흔여덟 번 이사한 기록이 나온다. 전입신고를 하지 않은 것까지 포함하면 대략 예순 번 정도는 되지 않을까 싶다. 30대 후반까지 강동, 강북, 용인, 강남, 신림 등등 수도권 이곳저곳의 반지하, 옥탑방 등을 전전했다. 바퀴벌레와 쥐들은 내 오랜 친구들이었고, 햇빛 없는 공간에 익숙했으며, 그 음침한 분위기와 공기는 나를 우울하게 했다.

  그렇게 컨테이너 박스, 어두컴컴하고 퀴퀴한 냄새로 가득한 반지하, 찌는 더위와 혹독한 추위를 몸으로 받아내야만 했던 옥탑방을 전전하던 나의 현주소는 아파트 45층이다. 창밖으로 보이는 탁 트인 전경은 매일 보아도 매일 황홀하다. 가까운 도심에서부터 전국적으로 많은 직원들이 근무하는 사업장도 있다. 누구나 알 만한 성취를 이룬 사람들에 비하면 아무것도 아닐지 모르지만, 내가 생각한 성공을 향해 질주 중이다.

  무엇이 지금의 나를 만들었을까? 언제부터 바꾸기 시작했을까? 인생은 내 생각대로 변할 수 있다는 걸 깨달은 순간부터였다. 변한 나를 상상하면 그에 따라 몸, 태도, 성격, 지위, 배경 등 모든 것이 변한다는 걸 알게 된 때부터였다.

  그대들의 어제와 오늘은 어떤가? 달라지고 싶고 바꾸고 싶은가? 그렇다면 먼저 생각을 바꾸고 바뀐 내 모습을 상상하라. 그 순간부터 삶이 변할 것이다. 이 책에는 어릴 때부터 똥고집으로 소문났던 내가, 사람은 변하지 않는다고 생각했던 내가 어떻게 변하기 시작했으며, 그 결과는 어떠했는지에 대한 이야기와 그대들에게 꼭 하고 싶은 말을 담았다. 모쪼록 바뀌고 싶은 열망을 가진 그대들의 삶에 이 책이 자그마한 자양분이 되었으면 좋겠다.

CHANGE ONE
: 생각이 변하다

> 나는 왜 이렇게 성공했는가?
> 나는 왜 이렇게 멋있는가?
> 나는 결국 왜 이렇게 다 이루었는가?

'사람은 절대 안 변해'에서 '변한다'로

"10년이면 강산도 변한다"는 말이 있다. 10년은 강과 산이 바뀌기에 모자라지 않을 만큼 긴 시간이라는 의미다. 그렇다면 사람은 얼마의 시간이 주어져야 변할까? 그냥저냥 늙어가는 외모라면 10년 정도 지나면 변할지도 모른다. 하지만 태도와 행동과 마음도 그 시간이면 충분히 변할까? 아니다.

본래 타고난 인성을 두고 '사람은 안 변한다'라는 고정관념을 가진 사람들이 많다. 사실이기도 하고 아니기도 하다. 스스로 변하고자 하는 의지가 없다면 10년이 아니라 죽을 때가 되더라도 바뀌지 않기 때문이다. 나도 그런 사람 중 하나였다. 그러면서 사람은 안 변한다고 생각했다. 그런데 한번 뒤집어보자. 그 말은 변화에 대한 의지만 있다면 10년이 아니라 훨씬 더 짧은 시간에도 바뀔 수 있다는 뜻 아닌가!

인성(人性)을 놓고 대립하는 두 가지 주장이 있다.

그중 하나가 맹자의 성선설(性善說)이다. 맹자는 "불쌍히 여기는 마음이 없으면 사람이 아니고, 부끄러운 마음이 없으면 사람이 아니며, 사양하는 마음이 없으면 사람이 아니고, 옳고 그름을 아는 마음이 없으면 사람이 아니다. 불쌍히 여기는 마음은 어짊의 극치이고, 부끄러움을 아는 마음은 옳음의 극치이며, 사양하는 마음은 예절의 극치이고, 옳고 그름을 아는 마음은 지혜의 극치이다"라고 말하면서 인간은 본래 선하게 태어난다고 주장했다.

반면, 순자(荀子)는 "사람의 본성은 태어나면서부터 이익을 추구해 다투고 빼앗으며 양보하지 않는다. 또 질투하고 미워하는 마음으로 남을 해치며 성실과 신의를 지키지 않는다. 게다가 욕망 때문에 음탕하고 혼란스러운 마음이 생겨나 예의와 규범을 무시한다"며 인간은 원래 악하게 태어난다는 성악설(性惡說)을 주장했다.

사실, 나는 '성선설'과 '성악설' 중 무엇 하나가 맞다고 생각지 않는다. 아마 평생을 두고 고민해도 둘 중 어떤 게 정답인지 결론을 내릴 수 없을 것이다. '성악설'이 맞다면 착하게, 타인에게 선함을 베풀면서 살아가는 사람들은 어떻게 설명할 수 있을까? 그렇다면 본래의 악한 마음도 선하게 바꿀 수 있는 것 아닌가? 생각을 선하게 바꾼다면 말이다. 그래서인지 순자도 인간의 본래 악한 마음을 교육을 통해 선하게 바꾸어야 한다고 말했다. 반대로 '성선설'이 맞다고 해도 타인에게 피해를 주며 살면 악인이나 다름없으며, 실제로 우리는 그런 사람들을 종종 보지 않는가.

나는 본성이 선하든 악하든 인간은 결과적으로 자신이 생각하고 마음먹은 대로 변할 수 있으며, 그것이 조물주가 준 선물이라고 생각한다. 그리고 그 선물을 어떻게 사용할지는 온전히 인간인 그대들의 선택에 달렸다.

어릴 때 친구들은 한 명 한 명이 너무나 소중하다. 자주 보고 싶지만 쉽지 않다. 사회인이 되어 주변을 돌아보면 어느덧 어릴 적 추억을 함께 공유하던 친구들보다는 비즈니스로 얽혀 있는 사람들이 많다. 대부분이 그럴 것이다. 환경이 그러니 어쩔 수 없는 일이다.

보험 일을 시작했을 때, 나는 인맥이 중요하다는 생각에 여기저기 발을 넓게 걸치려 노력했다. 좋은 사람이든 나쁜 사람이든 크게 신경 쓰지 않았다. 그런데 말이다. 지금 내 주위에는 나와 같은 결의, 비슷한 에너지를 가진 사람들로만 가득하며, 그들과의 관계 또한 끈끈하게 유지되고 있다. 내가 변하니 내 주변을 둘러싼 인맥도 변했다.

그대들은 어떻게 생각하는가? 지금도 '인간은 안 변한다'

고 생각하는가? 그렇다면 그대들의 생각을 존중한다. 변화는 처절하고 치열하게 바꾸고자 하는 '의지'가 있지 않고서는 쉽게 다가갈 수 없으니까! 그 의지를 다지기도 쉽지 않고, 변하기 위해 꾸준히 행동하기는 훨씬 더 어려우니까! 하지만 현재 자기 모습과 위치에 만족하지 못한다면 한번 바꾸기로 마음을 먹어보는 건 어떨까? 시간은 우리를 기다려 주지 않는다. 쏜살같이 흘러가는 세월에 맞춰 그냥그냥 살아가는 게 우리네 인생은 아니지 않은가.

만일, 가족과 함께 사는 게 나의 변화에 방해가 된다면 이무리 가족이라도 멀리 해야 한다. 그게 나를 바꾸는 방법이다. 아무리 사랑해도 매일 붙어 있다 보면 자주 싸우기 마련이다. 그럴 때는 떨어져 살아야 한다. (나도 혼자 산 지 10년이 넘었는데, 함께 살 때보다 더 애틋하고 사이가 좋다.) 그러면 스스로 온전히 변화를 시도하고, 변화에 집중할 수 있다. 그대들의 멋진 인생 창조는 그때부터가 시작이다. 물론, 나는 우리 가족을 끔찍이 사랑한다. 혹여라도 오해 없길 바란다.

어려운가? 그렇다고 시도조차 하지 않는다면 아무것도 바뀌지 않는다. 하다 보면 생각보다 그렇게 힘들지 않다. 내가 살아왔던 것과 다르게 살아보면 오히려 흥미가 생기고 재미도 있다. 타성에 젖지 말고, 스스로 자각하고 다르게 한번 살아보자. 매일 똑같이 살아갈지, 내 생각대로 살아갈지는 온전히 그대들의 몫이다. 난 내 주위 환경, 사람 등 모든 것을 바꾸었다. 그러니 결국 내가 바뀌었다. 어떤가? 이제 변화에 대한 의지가 생겼는가? 그대들의 그 의지를 언제나 응원한다!

'비관'에서
'초긍정'으로

"그러므로 내가 너희에게 말하노니 무엇이든지 기도하고 구하는 것은 받은 줄로 믿으라. 그리하면 너희에게 그대로 되리라." -마가복음 11장 24절

좋아하는 성경구절이다. 종교인으로서가 아니라 성경이라는 역사상 가장 위대한 베스트 셀러를 읽는 독자로서 정말 멋진 말이라고 느꼈다. 사람들은 흔히 눈에 보이는 것만 믿는다. 오감으로 느껴야만 인정한다. 그래서인지 눈으로 보기 전까진 절대 못 믿는다는 사람도 많다. 어쩌면 지극히 당연하다. 그런데 공기는 눈에 보이는가? 눈에 안 보여도 과학적으로 증명되었으므로 믿고 살아가는 것 아닌가. 이처럼 눈에 보이는 것은 당연하게, 눈에 보이지 않는 것들은 믿음으로 살아가는

존재도 인간이며, 생각과 행동에 따른 결과는 증명된 과학이다. 믿음이 없으면 잘될 일도 안될 확률이, 강력한 믿음은 동기 부여로 이어져 행동으로 나타날 확률이 높다.

믿음이 없는 상태에서 행동만 한다면 뼈대 없는 건축물을 세우는 것이나 마찬가지다. 목적지가 없는데 어떻게 원하는 방향으로 가겠는가. 목표를 설정했다면 반드시 이루어진다는 믿음과 그에 수반되는 일련의 일들을 수행할 때 설정한 목표에 더 가까워진다. 이 같은 믿음의 기초는 무엇일까? 바로 '생각'이다. 나는 '인생은 생각대로 된다'는 말을 믿는다.

그렇다면 만약, '지금 당장 나에게 1조가 생길 거야.'라고 생각하고 믿는다면 과연 가능할까? 불가능하다. 생각과 믿음에 수반되는 행동의 시간이 없었기 때문이다. 하지만 지금 당장은 아니더라도 미래에는 이루어질 수도 있다. 다만, 마음속에서 믿음보다 의심이 더 크다면 현실로 이어질 가능성은 현저히 낮아진다. 생각에 믿음이 연결되어야 가능성이 생긴다는 말이다. 그러니 지금부터라도 머릿속에 생각의 뿌리를 단단히 내리꽂고 믿자. 그 작업이 완료된 후 열리는 열매는 상상 이상으로 달콤할 테니 말이다.

예전에 나는 아침에 일어날 때면 눈뜨기가 싫었다. 그냥 이대로 평생 잠들었으면 하고 생각했다. 세상이 날 버렸다며,

신이 있다면 나는 왜 이런 지옥에서 계속 살아야 하는지 따져 묻고 싶었다. 그렇게 30여 년을 살았다. 맑은 날에는 햇볕이 따갑다며, 비가 오는 날이면 불편하다며 투덜댔다. 그냥 모든 게 다 불만스럽고 짜증났다. 그런데 말이다. 지금은 날이 맑으면 따뜻한 햇살이 감싸 아름답고, 비가 오면 스멀스멀 운치가 느껴져 감동한다. 드라마 〈도깨비〉에 나오는 대사처럼 모든 날이 좋다.

먹고사는 데 문제가 없어 그런 거라고? 살 만하니 그렇다고? 아니다. 생각을 바꾸고 나서부터나. 생활이 나아져서 그렇게 보이는 게 아니라 생각이 변하니 늘 보던 풍경도 다르게 보였다. 결과가 바뀌어서 행복한 게 아니라 생각을 바꿨더니 행복한 결과가 찾아왔다. 보통은 불행한 일들이 계속 일어나면 세상을 비관적으로 보고, 행복한 일들로 가득하면 긍정적으로 보는 경향이 있다. 사실이다. 그런데 불행할 때도 어차피 이것은 과정일 뿐 앞으로는 행복한 일들이 가득하리라는 확신으로 세상을 바라보니 그때부터 사는 게 즐거워졌다. 비관에서 벗어나 긍정적으로 생각하기 시작한 때부터, 생각의 힘을 알게 된 후부터 내 인생은 몰라보게 변하기 시작했다.

빛과 어둠, 남과 여, 물과 불, 하늘과 땅 등 세상에 존재하는 모든 것들에는 자석의 N극과 S극처럼 반대되는 면이 있다.

우주의 이치가 그렇다. 하지만 그것은 다시 생각해보면 불행을 겪고 있거나 겪었다면 반드시 행복을 맞게 된다는 의미도 포함하고 있지 않을까? 그러니 지금 힘들어도 무조건 벅찬 희열을 느끼는 순간이 온다는 생각과 믿음으로 살아가자. 행복이 더 빠르게 그대들을 찾아올 것이다. 지금 그대들 머릿속은 어떤 생각으로 가득 차 있는가? 나쁜 생각인가, 좋은 생각인가? 무엇이든 그대들의 생각대로 될 것이다.

나는 앞으로도 내 인생이 엄청나게 더 잘될 것이라는 데 한 치의 의심도 없다. 매도 일찍 맞는 게 낫듯 30년 넘게 지겹도록 찾아온 불행이 행복해질 수밖에 없도록 만들어줄 것이기 때문이다. 지금은 태양이 칠흑 같은 어둠을 조금씩 걷어내고 얼굴을 드러내는 중으로, 그 사이로 가끔은 안개도 끼고 먹구름도 몰려오겠지만, 결국은 그 태양이 내 인생을 눈이 부시게 비추리라 확신하니 그저 행복하고 감사한 마음뿐이다. 롤러코스터를 타는 것 같은 인생, 참 재미있지 않은가!

인생이 힘들다고 생각하는가? 그렇다면 현재 자신의 상태를 점검해보자. 인생은 선불이다. 후불로 치르기로 하고 얻을 수 있는 행복은 단 하나도 없다. 먼저 대가를 치른 후에야 그에 상응하는 결과가 나오기 마련이다. 대가도 치른 적이 없으면서 세상이 놀랄 만한 결과를 기대하는 건 망상에 지나지 않는다. 양심에 손을 얹고 지금 내 노력이 바라는 결과에 비해 너무 적은 건 아닌지, 타인에게는 관대하고 자기에게는 철저한 잣대로 따져봐야 한다. 불행한 가운데서도 행복해진다고 믿으면 된다고 했다면서 '지금은 힘들지만 난 무조건 행복해질 거야'라고 생각만 하고 행동하지 않는다면 내 말은 필시 거짓으로 드러날 것이다. 생각에는 그에 걸맞은 행동이 수반되어야 한다는 건 만고의 진리다.

행동하는 데 있어 생각은 에너지이자 빛이다. 그리고 우주는 우리의 생각에 반응한다. 뭔가를 생각하고 그것을 향해 움직이면 그것에 도달하게 해준다. 그러니 먼저 그대들의 생각을 아름답게 만들자. 나쁜 생각은 나쁜 인생으로, 좋은 생각은 좋은 인생으로 나타날 테니!

지금 힘들어도 무조건 벅찬 희열을
느끼는 순간이 온다는 생각과 믿음으로 살아가자.
행복이 더 빠르게 그대들을 찾아올 것이다.

'HOW TO'에서
'WHY'로

사람들은 보통 성공한 이들을 부러워하고 선망하며 산다. 성공에 목마른 사람들은 '어떻게 하면 저 사람처럼 될 수 있는지' 궁금해한다. 그들이 쓴 책을 사서 읽고, 관련 영상도 찾아본다. 그런데 그들의 성공법을 알면 우리도 정말 성공할 수 있을까? 아니다. 그들은 책을 통해, 방송을 통해, 영상을 통해 각자의 성공 방법을 말해주지만, 그 방법 그대로 해서 성공한 사람은 많지 않다. 나는 '어떻게'라는 방법론도 중요하지만, 그보다 먼저 '왜?'라는 본질에 다가가는 질문에 초점을 맞추는 게 필요하다고 생각한다.

세계적인 교육훈련 기업인 석세스클리닉닷컴(SuccessClinic.com)의 설립자이자 전 세계 수십만 명과 기업들의 성장과 변화를 이끄는 데 최적화된 기법을 고안한 노아 세인트 존(Noah

Saint John)이라는 사람이 있다. 그는 평범했던 어느 날 샤워를 하다가 스스로 질문하고 스스로 대답하는 자신을 발견하고는 우리 뇌는 질문을 하면 대답을 하려 한다는 걸 알게 되었으며, 그렇다면 우리가 원하는 질문을 하면 뇌가 그 답을 찾아갈 것이고, 우리의 삶은 점점 우리가 답하는 대로 될 것이라는 결론에 이르게 되었다고 한다. '나는 왜 이렇게 가난할까?'라고 질문하면 우리 뇌는 가난한 이유에 대한 답을 찾지만, '나는 왜 이렇게 풍요로운가?'라고 질문하면 풍요로운 이유에 대한 답을 찾는다는 것이다. 그리고 그는 자신의 책 《어포메이션》에 이 본질적인 질문에 대한 개념을 상세히 기술했다.

"나는 왜 이렇게 성공했는가?"
"나는 왜 이렇게 멋있는가?"
"나는 결국 왜 이렇게 다 이루었는가?"

구체적으로는 위처럼 이미 이루어진 상태라고 생각하고 자기 암시성 질문을 만든 다음 거울을 보며 확언하는 방식이다. 방법도 중요하지만 내가 왜 이렇게 성공했는지에 대해 자주 질문하다 보면 저절로 해결방식이 떠오르고, 행동으로 이어진다는 것이다. 또한, 우주는 이미 이룬 것처럼 살아가는 사람에게는 결과적으로 그렇게 되도록 도와준다고 말하는데, 나도 그 말에 전적으로 동의한다. 이미 성공한 사람이라는 가정 하에 내가 왜 이렇게 성공했는지 계속 묻다 보면 성공으로 가는 실마리가 잡힌다니 획기적이지 않은가. 이상하고 희한한 방법이라고 생각할 수도 있지만, 이미 이루어진 미래의 시점에서 나에게 질문하다 보면 현재 부딪힌 난관을 극복할 해결책이 반드시 떠오른다니 이 얼마나 좋은가.

미국 역대 최고의 보디빌더이자 영화 〈터미네이터〉의 주인공이며 캘리포니아 주지사로 스포츠, 영화, 정치계에서 모두 성공함으로써 아메리칸 드림의 상징적인 인물이 된 아놀드 슈워제네거(Arnold Schwarzenegger), 〈인디아나 존스〉와 〈쥬라기 공원〉, 〈쉰들러 리스트〉 등 수많은 명작을 만든 현존하는 세계 최고의 영화감독이자 제작자인 스티븐 스필버그(Steven Allan Spielberg), 〈마스크〉의 주인공으로 코미디 영화의 제왕인 짐 캐리(Jim Carrey), 세계 화장품 업계의 거장이자 세일즈의 귀재인 에스티 로더(Estée Lauder), 힐튼 호텔을 창업한 콘래드 힐튼(Conrad N. Hilton) 등 큰 성공을 거둔 사람들은 모두 이미 그것을 이룬 것처럼 살았다고 한다. 그렇게 살다 보니 그렇게 되어버렸다는 것이다.

다들 한번쯤은 해보았으리라. 자기계발서를 읽거나 동기부여 영상을 찾아보고는 당장이라도 내 인생을 바꾸고 말 것 같은 자극을 받고는 '나도 앞으로는 계속 아침 일찍 일어날 거야'라고 다짐했음에도 다음 날 늦잠을 자고 있는 자신을 보고 더 큰 실망에 빠졌던 경험을……. 그러니 방법을 실천하기에 앞서 이미 원하는 것을 다 이루었다고 생각하고 아주 철저하게 왜 내가 그렇게 성공했는지 질문해보자. 그것이 그대들이 원하는 삶에 더 빠르게 다가가는 방법일지도 모른다. 안된다고 해도 실패가 아닌 데다 자존감 또한 높아질 수 있으니 밑지는 장사는 아니지 않은가.

또 '내가 왜 성공해야 하지?'라는 질문도 해보자. 돈을 많이 벌고 싶어서라거나 유명해지고 싶어서 같은 아주 단순하고 세속적이며 뻔한 이유라도 상관없다. 오히려 그 같은 원초적인 욕망이 더 큰 동기를 유발할 수도 있다. 자본주의 시대에 돈을 많이 벌고 싶다는 건 흠이 아니다. 내가 왜 성공해야 하는지 그 이유를 명확히 짚어보자. 이유 없는 동기는 쉽게 휘발되어 사라지기 마련이다. 다시 한번 자신과 내면의 대화를 해보자. 그리고 그 이유가 정립되었다면 이미 이루어진 미래를 현재라고 생각하고 왜 그렇게 될 수 있었는지 묻고 대답하며 확언하는 어포메이션을 실행하자. 나도 매일 내 미래로 가서 왜 성공했는지 묻고 대답하며 확언을 외친다. 그대들 또한 미래를 현실로 만들어가길 진심으로 기원한다.

'내 주제에'에서
'나니까!'로

    유년시절, 행복하다고 느꼈던 적이 한 번도 없었다. 한탄이 일상이었다. 자신감이 떨어지니 자존감이 바닥을 쳤고, 어쩌다 소소한 행운이라도 찾아오면 '내 주제에 이런 걸 누려도 되나?' 하는 생각이 먼저 들었으며, '얼마나 더 힘든 일이 생기려고 이러지?' 하는 의심으로 가득했다.
    그렇게 폐쇄적이고 비관적이었던 내가 자신감 넘치는 긍정주의자가 되었다. 물론, 긍정이 절대적인 삶의 방식이라고 주장하는 건 아니다. 지나친 긍정은 자칫 안일한 태도를 불러일으킬 수도 있으니까! 게다가 어느 정도의 부정을 내포한 비판적 시선이나 제삼자의 관점으로 자신의 인생을 바라보는 자기 객관화는 문제 해결을 용이하게 해주기도 한다. 그리고 긍정과 부정의 두 시선을 전부 경험해본 나는 대립하는 장단점을 잘 배합해 내 삶에 적용하려고 노력한다. 베이스는 긍정에! 해결은 최대한 보수적으로!

　이미 말했듯 예전 나의 기본 마인드는 '내 주제에'였다. 원하는 게 있어도 그건 내 것이 아니라고, 절대 가질 수 없다고 생각했으며, 작은 행복조차도 '내 주제에 무슨'이라며 함께 오는 기쁨을 온전히 누리지 못했다. 그런데 이제는 '나니까 가능하다'로 변했다. 자칫 불가능해 보이는 미션이 주어져도 '나니까 무조건 가능할 거야'라는 생각으로 시도한다. 가능한 일이든 불가능한 일이든 일단 그런 마인드로 엉겨붙는다. 그대들도 무조건 '나라서 가능하다'고 생각하고 달라붙어 보자.
　처음에는 감당 못 할 일이라고 생각되었던 일도 막상 지나고 나면 아무렇지 않게 해결되는 경험을 해본 적이 있었을 것이다. 대부분의 일들은 그렇게 시간이 지나면서 자연스럽게 아무 일 없었다는 듯 흔적도 없이 사라지는 경우가 다반사다. 그러니 우선 '가능'에 마음의 초점을 맞추고 시작해보자. 안돼도 본전이고, 어렵게 생각하면 한도 끝도 없다. 일단 '나니까 할 수 있어'라는 마인드부터 장착하고 시작해야 아이디어가 떠오르고 해결책이 생긴다.
　우주는 우리가 힘들어할 때 감당할 수 있는 만큼의 행운을 마치 하늘에서 내리는 축복처럼 하나씩 보여주곤 한다. 그러니 결국에는 해결 못 할 일이 없다. 그대의 마음이 그렇다고 믿기만 한다면 말이다. 그리고 애초부터 우주는 그렇게 생각하는 사람의 편이 되도록 만들어졌다.

그러려면 나를 먼저 사랑해야 한다. 자신을 사랑하는 순간 세상을 바라보는 관점이 바뀌기 시작한다. 나를 사랑할 수 없어 남도 사랑하지 못한 나였다. 그러다 나를 사랑하기 시작하니 타인을 바라보는 태도도 바뀌었다. 모르는 사람이 다가오면 경계부터 했으나 이제는 마음을 열고 경청할 준비부터 힌다. 모두 '내 수제에'에서 '나니까'로 바뀌면서 비롯되었다.

전생이나 후생이 있는지 없는지 모르지만, 지금은 현생을 살아가는 시간이다. 한 번뿐인 인생, 지금부터라도 자신을 사랑하려 노력하자. 주인공인 나부터 사랑해야 세상의 아름다운 것들을 바라볼 여유가 생긴다. 그래야 후회하지 않는다. '내 주제에'가 아니라 '나니까! 나니까 사랑할 수 있고, 나니까 무엇이든 해낼 수 있다'는 마음으로 매사에 임하자.

자신을 사랑하는 마음에서 싹튼 자존감이 사람을 변화시킨다. 자존감에 대한 정의는 여러 가지가 있지만, 나는 "스스로 가치 있는 존재임을 인식하고, 인생의 역경에 맞서 이겨낼 수 있는 자기 능력을 믿고 자신의 노력에 따라 삶에서 성취를 이뤄낼 수 있다는 일종의 자기 확신"이라는 정의가 마음에 든다. 이 같은 자존감이 일상에서도 우러나 점점 높아지다 보면 모든 것이 변하기 시작한다. 마음가짐뿐만 아니라 표정, 피부, 안색 등은 물론, 걸음걸이마저도 당당하게 변한다. 그리고 이 같은 변화는 마침내 타인이 나를 볼 때 플러스 요인으로 작용한다. 흐리멍덩한 눈으로 다가오는 사람보다는 형형한 눈빛을 가진 사람과 대화하고 싶은 건 당연지사다. 에너지를 뺏기는 사람보다는 에너지를 얻을 수 있는 사람과 만나고 싶은 것 또한 말할 필요조차 없다.

자신감이 지나쳐 가끔은 재수없어 보일지 모르지만, 어차피 그대들의 인생이다. 누가 돌을 던지겠는가! 남 눈치 보지 말고 당당하게 살다 보면 어느 순간 나를 사랑하는 자신감에서 태어난 자존감이 온몸을 꽉 채우고 있을 것이다. 단, 높은 자존감이 겸손을 잡아먹는다면 그건 자만심이지 자존감이 아니다. 자존감 높은 사람은 겸손의 미덕까지 갖추게 된다는 걸 알고 자만에 빠지지 않도록 늘 경계해야 한다.

그렇다면 자존감은 어떻게 높일까? 심리학적인 면에서 이론을 따지고 들면 복잡해진다. 내가 생각하는 방법은 아주 심플하다. 운동을 통해 체형이 변하면 자신감이 생긴다. 또 많은 독서로 풍성한 문장을 접하다 보면 지식이 풍부해지고 언어 구사에 있어서도 자신감이 붙는다. 거기에 작은 성취들을 반복해 이뤄가면 그것이 자존감으로 연결된다. 그러니 일상에서 자존감 올리기부터 시작해보자. 그대들은 각자 특별하고 소중한 빛으로 우주에서 빛날 자격이 있다.

나를 먼저 사랑해야 한다.
자신을 사랑하는 순간 세상을 바라보는
관점이 바뀌기 시작한다.

'프로 불평러'에서 '감사쟁이'로

아직 인생의 절반도 채 안 살았다고 생각하지만, 축구 경기로 치면 전반전이라고 할 수 있는 지금까지의 삶을 돌이켜 보면 시련, 고난, 역경 등 행복보다는 불행한 일이 훨씬 더 많았다. 그랬기에 지금의 내가 있고, 그런 일들을 겪었기에 오히려 끈기, 인내, 독기, 열정 등이 생기지 않았나 싶다. 그래서 고맙고 감사하다.

배은망덕하거나 심하게 건방을 떠는 사람이 아닌 한 누군가가 내 일이나 나와 관련된 사람들에게 도움을 주면 우리는 감사함을 표현한다. 당연하다. 그런데 그 같은 일이 없어도 먼저 모든 일에 진심으로 고마워하면서 살면 감사한 일들이 물밀듯 몰려오기도 한다. 그게 우리네 삶의 이치다. 우주는 그렇게 생겨 먹었다. 그러니 지금 힘들고 불행하다며 좌절하고 불평하지 말고, 그래서 내가 불행을 극복하려는 투쟁심을 갖게 되었음에, 힘든 시기를 이겨낼 끈기를 갖게 되었음에 감사하자. 그런 마음으로 살자. 이 단순한 이치는 내가 많은 경험으로 느낀 사실이라 자신 있게 말할 수 있다.

요즘은 알고리즘이 일상을 지배하는 시대이다. 온라인 쇼핑을 하거나, 인터넷에서 뭔가 검색을 하면 비슷한 것들이 계속 나타난다. 페이스북이나 유튜브 등을 비롯한 SNS도 내가 본 것들과 관련된 콘텐츠 위주로 보여준다. 인생도 그렇다. 내가 감사한 마음을 품고, 지속적으로 감사하다고 말하면 세팅된 알고리즘처럼 감사한 일들이 계속 몰려온다. 거울 보고 "감사합니다"라고 하루 100번씩 일주일만 해보자. 생각 이상으로 감사한 일들이 많이 생긴다.

내 주변 사람들은 내 삶을 신기하다는 듯 바라본다. 전지전능한 신도, 거짓으로 온갖 신비로운 현상을 만들어내는 사이비 교주도 아닌데, 내가 말하고 상상한 일들이 계속 이루어지는 모습을 한두 번도 아니고 몇 년간이나 봐왔기 때문이다. 어떻게 그럴 수 있을까? 나는 가능하다는 판단이 서면 이미 이루어졌다고 생각하고 그것이 이루어졌음에 감사하는 마음을 표한다. 그러면 정말로 머지않아 현실이 된다. 감사는 그렇게 내가 인생을 좀 더 풍성하게 살아가는 데 큰 역할을 한다.

하나님이든 부처님이든 무속이든 그 무엇을 믿든 간에, 우리가 말로 설명할 수 없는 어떠한 존재는 이 세상을 감사의 법칙이 가능케 만들어놓았다. 그러니 매 순간 숨 쉬고 있음에 감사하고, 원하는 것이 있다면 이미 이루어졌음에 미리 감사하자. 자신이 믿는 그 무엇을 절대자라고 했을 때, 매번 투정만 부리며 감사할 줄 모르는 인간보다는 주기도 전에 미리 감사해하고, 항상 감사를 입에 달고 사는 피조물에게 더욱 애착을 느끼지 않을까? 감사하자. 살아 있고 존재하는 자체에 감사하고, 이미 주어질 것에 감사를 외치자. 단돈 1원도 들이지 않고 감사한 마음만을 선불처럼 지불하면 상상했던 대로 끌어당겨지는데 하지 않을 이유가 없다.

믿기지 않는가? 사실, 이 같은 감사의 효과는 과학적으로도 이미 밝혀진 바 있다. 감사 과학의 선구자라고 불리는 캘리포니아 대학 심리학 교수 로버트 에몬스(Robert Emmons) 박사는 감사와 관련된 논문 79편을 분석한 후 "감사를 하면 스트레스가 빨리 극복되며, 다른 사람과 비교를 덜 하게 되고, 자존감이 높아진다. 타인을 신뢰할 수 있게 되며, 감사하는 자세만으로 신체가 건강해질 뿐만 아니라 우리 뇌에 변화를 일으킨다"는 연구 결과를 발표했다. 실제로 12세에서 80세 사람들을 대상으로 하나의 그룹에는 감사 일기를 매일 또는 매주 쓰도록 하고, 또 다른 그룹에는 아무 사건이나 적도록 하는 실험을 했는데, 한 달 후, 감사 일기를 쓴 그룹의 4분의 3이 훨씬 더 높은 행복지수를 보였으며, 수면이나 일 및 운동 등에서 탁월한 성과를 냈다고 한다.

그는 또 감사하는 사람들은 자신에게 부족한 측면에 초점을 맞추지 않고 자신이 가진 것에서 좋은 면을 반드시 찾아낸다며 "일에 감사하면 행복감을 느껴 생산성이 높아지고, 의식적으로 감사 연습을 하는 사람들에겐 목표 의식과 성취욕이 생기며, 소극적으로 가만히 있지 않고 의욕을 느껴 행동을 취한다"고도 했다. 감사하면 현실에 안주하여 게을러지고 운명을 개척하기 위한 동기부여가 안 된다고 우려하지만, 실제 조사 결과에 따르면 반대로 감사하는 사람들이 그렇지 않은 사람보다 목표 달성을 더 잘한다는 것이다.

스트레스의 아버지라 불리며 스트레스 연구로 노벨 의학상을 받은 한스 셀리에(Hans Selye) 박사의 일화도 있다. 그가 하버드대에서 마지막 강연을 마치고 기립박수를 받으며 강단을 내려갈 때 학생 하나가 "스트레스 홍수 시대를 살아가는 현대인들이 스트레스를 해소할 수 있는 한 가지만 이야기해달라"고 하자 그는 "Appreciation(감사)!"이라고 말했다고 한다.

앞서도 말했듯 나는 세상에 불만이 많은 사람이었다. 옹

졸한 마음에 힘들었던 환경 탓으로 책임을 전가했지만 그게 아니었다. 그냥 모든 일에 불만투성이였다. 그렇게 아무 의욕도 없이 형편없는 내 삶을 불평만 하면서 살았다. 그러다 깨달았다. 불평과 불만으로는 절대 세상이 변하지 않는다는 사실을! 그리고 불만에서 감사로 마음을 옮기는 순간 기적처럼 삶이 변했다. 감사는 위대했다. 생각해보면, 가득 찬 불만으로 불평만 하며 살았기 때문에 삶이 고달프지 않았나 싶다.

그대들도 지금 앞이 보이지 않는가? 하지만 어둠은 새벽 태양 빛에 밀려나기 마련이다. 그러니 이미 맞게 될 태양 빛에 감사하자. 그러면 오로라처럼 아름다운 여정이 펼쳐지게 될 것이다.

'지름길'에서 '정공법'으로

비트코인, 로또, 주식 등으로 하루아침에 돈벼락을 맞았다는 말들이 여기저기 떠돌아다닌다. 그렇게 일확천금으로 부자가 된 극소수 사람들의 스토리가 언제 어디서나, 누구에게든 쉽게 일어나는 일인 것처럼 과장되어 '너도 해보라'며 우리를 건드리고 꼬드긴다. 반면, 나름 쉽게(?) 또는 갑자기(?) 큰돈을 번 사람들의 이야기를 들으면 우리는 왠지 모를 자괴감과 낭패감에 빠져들기도 한다.

쉽게 번 돈은 쉽게 나간다는 말이 있다. 미국 시카고대 석좌교수이자 베스트셀러 《넛지(Nudge)》의 저자이며, 행동경제학의 개척자로서 2017년 노벨경제학상을 수상한 리처드 탈러(Richard H.Thaler)가 창안한 개념인 '심리적 계좌 이론'은 쉽게 번 돈이 쉽게 나가는 이유를 설명한다. 예를 들어, 길을 가다 돈을 주웠거나, 옷장에 오랫동안 걸려 있던 옷을 정리하다가 주머니에서 돈이 나오거나, 책을 정리하던 중 책갈피에서 옛날에 넣어두었던 비상금을 발견했을 때를 생각해보라. 아마, 그런 일이 한번쯤은 있었을 텐데, 그 돈을 어떻게 썼는가? 별로 필요하지도 않은 물건을 사거나, 가족이나 친구들과 생각지도 않았던 외식을 하거나, 계획에 없던 여행을 가거나 하지는 않았는가? 바로 그것이다. 잘 썼다거나 못 썼다는 게 아니라 쉽게 번 돈은 마음속에서 '공돈'이라는 계좌에 넣어놓고 쉽게 써버린다는 것. 그것이 바로 '심리적 계좌 이론'이다.

또 코인으로 엄청난 돈을 벌었다거나 로또에 당첨됐다가 얼마 안 가 망한 사람들 이야기도 종종 듣는다. 우리나라 복권 사상 두 번째로 많은 당첨금인 242억 원을 받은 사람도 모든 돈을 탕진하기까지 겨우 5년밖에 안 걸렸다고 한다. 2003년 로또 1등에 당첨된 후 사업으로, 주식으로, 투자로 다 날리고 인터넷 사이트 등에서 자신을 '펀드 매니저'라고 소개하며 사기를 치다가 결국 경찰의 조사를 받고 구속되는 신세가 된 그의 이야기가 대표적인 사례다.

내 경험도 그렇다. 쉽게 번 돈은 다시 쉽게 흘러 나갔고, 끈기와 인내를 통해 힘들게 번 돈은 오래도록 수중에 남아 시드 머니가 되었다. 마찬가지로 그대들의 정직한 땀방울의 가치는 비트코인이나 주식, 로또 등의 일확천금보다 훨씬 더 가치 있다. 그러니 곁눈질하지 말고 앞만 보면서 계속 정진하자. 그런 것들로 갑자기 돈을 벌어서 잘 사는 사람들은 그냥 그들의 운이 좋은 것일 뿐이다. 부러워하지도 말고 시기하거나 질투할 필요도 없다. 그러기에는 시간도 아깝다. 또 부러워한다고 그 운이 나에게 오지도 않는다. 사촌이 땅을 샀다면 배 아파하지 말고 그냥 축하해주면 된다. 그대들의 삶에 집중하기에만도 시간이 부족하다. 시간은 기다려 주지 않기 때문이다.

사실, 주식이나 코인을 전업으로 삼아 돈을 버는 전문 트레이더들은 정말 하루하루가 피가 마를 정도로 힘들다고 한다. 온종일 차트만 바라보며 모니터 너머에 도사리고 있는 사람들과 피 튀기는 눈치싸움을 해야 하니 엄청난 스트레스를 받는 게 당연하다. 전업이 아니더라도 무지성 투자가 아닌 학습에 근거한 투자로 한방에 많은 돈을 벌었다면 그 또한 그들이 흘린 땀방울의 결과이다. 그러니 그들의 인생을 응원하면서 우리는 우리들의 삶에 집중하면 그만이다.

인생에 지름길이란 없다. 지름길처럼 보여 막상 걸어가다 보면 그 길이 올바른 길이 아님을 깨닫게 된다. 지름길로 보이는 길에 유혹당해 가다 보면 그 길이 지름길이 아닌 지뢰밭일 때가 종종 있다. 지름길을 찾아 헤매면서 시간을 허비하지 말고, 그럴 때일수록 더 정도를 찾아 달리자. 그렇게 성공해야 인생이 멋져진다. 노력을 통해 거머쥔 부끄럽지 않은 성과들이라야 사람들 모두로부터 우레와 같은 박수를 받는다.

몇 년 전 지금의 회사로 이직한 나의 사업단이 단기간에 직원 100명을 넘기면서 업계의 주목을 받고 있다. 사실, 보험 및 금융상품 판매업에서 가장 큰 과제는 능력 있는 영업사원 유치다. 그래서 입사 전에는 이것저것 다 해줄 것처럼 온갖 약속을 한다. 하지만 나는 이직이나 보험업에 새롭게 뛰어들려는 지원자들과 미팅할 때면 그들의 입장에 서서 그 이유를 듣고 해줄 수 있는 것과 없는 것을 명확히 한다. 과장하거나 거짓말을 수놓으며 일하게 만들지 않는다.

어제와 오늘, 오늘과 내일이 다르게 변하는 세상에서 어떤 사람은 쉽게 돈을 버는 것처럼 보이지만 그렇지 않다. 오래 가려면 내공이 탄탄해야 한다. 그리고 증명해야 한다. 증명한 후에는 쉽게 사라지거나 내려가지 않는다. 아무 증명 없이 어느 날 반짝 성공에 도달했다면 다시 아래로 곤두박질칠 가능성이 크다. 단단해진 실력이 곧 지름길을 만든다. 그런 면에서 정공법은 진리다. 그러니 지름길을 찾을 시간에 그대들의 실력을 키우는 일, 그 본질에 집중하자. 시대는 시시각각 빠르게 변해도 본질은 변하지 않는다. 삶에 도움이 되는 독서, 운동,

명상 등으로 내공을 쌓으면서 오늘도 그대들의 분야에서 어떻게 하면 더 잘할 수 있을지 고민하고 집중하자. 그것들이 지름길의 도화선이 될 테니!

인생에 지름길이란 없다.
지름길처럼 보여 막상 걸어가다 보면
그 길이 올바른 길이 아님을 깨닫게 된다.

CHANGE TWO
: 태도가 변하다

"
그대들의 지금은 어떤가?
뿌리를 내리는 시간인가,
그저 아무 생각 없이 뭉개고 있는 시간인가?
"

'만년 지각생'에서
'워커홀릭'으로

학창시절 성실함과 거리가 멀던 나는 지각과 조퇴를 밥 먹듯 했을 뿐만 아니라 결석도 잦았다. 고등학교도 출석 일수가 모자랐음에도 어찌어찌 겨우 졸업을 했다. 그런데 지금은 사람들이 '성실'이라고 하면 '권성민'을 생각할 만큼 성실함의 대명사가 되었다. 둘째가리면 섭섭할 정도다. 지각이나 결근이란 단어는 잊어버린 지 이미 오래다. 어떻게 이렇게 변했을까?

문제아가 위대한 사람으로 변신한 경우를 책이나 방송 등을 통해 종종 보았을 것이다. 마하트마 간디(Mahatma Gandhi)는 영국의 식민지배를 받던 조국 인도의 독립을 위해 비폭력 저항운동을 펼쳐 평화의 상징으로 불린다. 하지만 그도 어릴 적엔 학업은커녕 도둑질을 하고, 교리에 어긋나는 고기를 먹고, 극단적인 선택까지 하는 등 문제아였다고 한다. 지구상에서 가장 위대한 물리학자로 추앙받는 아인슈타인(Albert Einstein) 또한 그랬다. 툭하면 소리를 질러대는 바람에 별명이 '성난바지'였는데, 그의 초등학교 선생님은 늘 수업을 망치는 그를 보고 '커서 아무것도 못 할 것'이라고 말할 정도였다고 한다.

물론, 나를 그런 위인(偉人)과 견주려는 게 아니다. 성실을 무기로 스스로 일을 즐기면서 변하기 시작한 내 이야기를 하려 함이다. 처음에는 그저 돈에 대한 결핍 때문에, 많은 돈을 벌기 위해 영업을 하면서 억지로 성실함을 유지하려고 했다면, 지금은 성실을 즐긴다. 눈만 뜨면 매일이 축제고 행복한데 어떻게 늦게 일어날 수 있겠는가.

수년간 나는 365일 24시간을 꼬박 일했다고 해도 과언이 아닐 만큼 일에 몰두했다. 주위 사람들이 증인이다. 주말은 나에겐 특히 더 없는 기회였다. 고요한 사무실에서 혼자 업무를 처리하다 보면 집중력이 몇 배나 상승한다. 대다수가 주말을 즐기고 있을 때, 놀고 싶은데도 놀지 않고 일을 하는 나를 칭찬하면서 의미를 부여한다. 그러면 근거 있는 자신감으로 가슴이 웅장해지다가 뭉클해지기도 한다. 각자 스타일이 다르긴 하겠지만, 그대들도 새벽과 주말에 일을 해보면 언제든 느낄 수 있다. 그렇게 몇 년을 살다 보니 남들보다 더 많은 시간을 일하는 건 아주 당연했다.

사실, 다들 자는 새벽과 쉬는 주말에 일을 하는 건 쉽지 않다. 만약, 평생을 그렇게 살아야 한다면 지옥이나 마찬가지일 테다. 그런 말이 아니다. 시기는 차이가 있겠지만 적어도 몇 년은 그렇게 한번 살아보라는 얘기다. 한 분야의 전문가가 되려면 1만 시간 정도의 훈련이 필요하다는 '1만 시간의 법칙'도 있지 않은가. 순도와 밀도에 따라 달라질 수 있겠지만, 결국은 우리에게 주어진 공평한 시간을 조금 더 많이 할애하는 사람이 더 좋은 결과에 도달할 가능성이 크다. 경쟁자를 이기고 싶은가? 일단 더 뛰자. 잔재주와 요행으로 어떻게 해볼 생각 말고 시간을 투자하자. 반드시 보상으로 돌아온다.

인간계가 아닌 신계의 축구선수라고 불리는 크리스티아누 호날두나 리오넬 메시도 항상 훈련장에 제일 먼저 나왔다고 한다. 미국 NBA 사상 가장 위대한 농구선수이자 나이키의 농구화 '에어 조던'을 탄생시킨 마이클 조던도 마찬가지였다. 혼자만의 연습 시간을 더 갖는 습관을 들이고, 그것을 선수 생활 내내 지키다 보니 인간계를 넘어 신계의 선수가 된 것 아닐까?

본인이 원하는 모습이 있다면 그것을 이루기 위해 먼저 시간을 투자해야 한다. 새벽이든 주말이든 가리지 말고 전력으로 질주한다면 어느새 경쟁자들의 맨 앞에서 달리고 있을 것이다. 한 번뿐인 인생, 그저 그런 부속품으로 살기보다 최고의 전문가로 살아가는 게 더 보람 있지 않을까? 무엇이든 자신이 추구하는 가치를 더 빛내기 위해 최선을 다해보자. 분명, 그에 따르는 보상이 눈앞에 펼쳐진다.

나는 세일즈맨이다. 세일즈 관점에서 인생을 바라보면 인생은 결국 무언가를 파는 일이다. 사람에게 설명하고 설득하며 '나'를 판다. 그래서 나는 나태해질 수가 없다. 내가 길거리에서 생수를 팔라고 해도 언제든 완판할 수 있다고 말하는 이유는 생수가 초점이 아니라 상대가 '나'를 믿을 거라는 자신감 때문이다. 그리고 나는 신뢰감을 주기 위해, 신뢰를 잃지 않기 위해 '나'를 가꾼다. 그게 세일즈의 기본이니까!

주말에 놀 거 다 놀고, 쉴 거 다 쉬는 사람보다는 어떻게든 자신의 상품을 더 잘 팔 수 있을지, 어떻게 해야 고객에게 더 큰 가치를 전달할 수 있을지 생각하는 사람에게 물건을 사는 게 당연하다. 자기관리가 안 되고 게을러 보이는 사람보다는 성실하고 부지런한 사람한테 물건을 사고 싶은 마음을 갖는 건 인지상정이다. 바꿔 생각해봐야 한다는 '역지사지(易地思之)'라는 말은 그래서 위대하다. 항상 반대의 입장에 서서 생각해보고 행동하자.

세일즈맨이 아니라 일반 직장인이라 해도 마찬가지다. 역지사지해서 자신이 오너라면 어떨까? 다른 직원들보다 항상 더 일찍 나오고, 주말에도 회사를 위해 생각하는 사람이 더 눈에 띄지 않을까? "뭐, 그렇게까지 피곤하게 살아. 난 그냥 평범한 직장인으로 회사 다닐래" 하고 생각하는 사람도 있을 것이다. 그 생각도 존중한다. 평범한 삶을 비난하는 게 아니다. 다만, 나는 좀 더 나은 사람, 나아가 존경받는 인물로 변모하는 데 대한 이야기를 하고 싶을 뿐! 회사에서 인정받고 승진하면서 궁극에는 위대해지고자 하는 욕망이 있다면 내 이야기에 귀를 기울여보길 바란다.

나는 그저 그렇게 시간에 휘둘리면서 살았을 때 신용불량자가 되었다. 그런데 지금은 성실을 기본으로 내가 원하는 대로 시간을 조정하고 지배하면서 살다 보니 수입이 상상을 뛰어넘는다. 이는 명백한 사실이다. 행위에 따르는 결과는 배신하지 않는다. 하지만 그 시간이라는 놈 또한 우리를 마냥 기다려주지 않는다. 그대들도 이런저런 이유를 대며 시공간을 구분하지 말고, 원하는 대로 시간을 지배하면서 인생의 주인공으로 살았으면 좋겠다. 그러려면 지금 시작해야 한다.

'작심삼일'에서 '끝장 보기'로

존재하는 한 계속 발전해야 한다. 태어나서 숨 쉬고 산다면 후퇴보다는 전진해야 한다. 나는 금융회사 사업단 단장으로 일하는 동시에 마케팅 회사 대표이기도 하며, 강사로서 이곳저곳에서 강의도 자주 한다. 그대들이 이 책을 읽는 지금쯤은 작가라는 타이틀이 하나 더 붙을 것이다. 또 인스타그램에서는 행위예술가임을 자칭하면서 다양한 사람들과 매일 소통하는데, 이 모든 일들이 정말이지 즐겁다. 하나의 직업만 갖고 살다가 인생을 끝마치기에는 너무 아쉬워 앞으로도 하고 싶고 재밌는 일이 있다면 더 추가할 생각이다.

그런데 말이다. 나는 그냥 즐기는 정도만으로는 성취감이 안 든다는 게 문제라면 문제다. 뭔가를 시작했으면 그 분야에서 웬만큼 존재감을 드러내고, 전문성을 보여줄 수 있는 정도가 될 때까지 해야 한다. 그렇게 되기까지는 약간의 고통을 감수해야 하지만, 그 과정 뒤에 맛볼 환희와 희열을 생각하면 멈출 수가 없다. 나를 계속 밀고 나가게 만든다. 그대들도 추구하는 분야에서 인정받고 싶다면 인내하고 또 인내하면서 뒤돌아보지 말고 계속 밀고 나가보라. 마침내 위대해질 테니까!

    메타인지를 해보았을 때 나의 가장 큰 단점은 인내심이었다. 무언가를 시작하고 나면 항상 결말이 흐지부지했다. 작심삼일의 아이콘이라고나 할까. 대략 50여 가지의 아르바이트 및 직업 경험이 그 예다. 어떤 면에서는 다양한 경험일 수도 있지만, 사실 끈기가 부족해 도중에 그만둔 일도 많았다. 며칠 하다 보면 싫증이 났고, 하고 싶지 않다는 생각이 들면 그만 포기하곤 했다. 그렇게 수없이 포기해 본 결과 어떤 일을 시작한 다음 중간에 그만두면 나만 손해라는 사실을 깨달았기에 제대로 하지 않을 거라면, 성공하든 실패하든 끝을 보지 않을 거라면 애초에 시작조차 하지 않는다.

    지조와 절개의 상징으로 곧게 자라는 대나무는 씨앗을 심고 나서 5년 후에나 땅을 뚫고 솟아오른다고 한다. 자라지 않는 듯 보이지만 땅속에서 서로 얽히고설키면서 단단히 뿌리를 내리는 데에만 5년이라는 긴 시간을 보내는 것이다. 그러고 나면 하루에 30센티미터씩 땅 위로 멋지고 단단하게 쭉쭉 뻗는다. 또 영화 〈극한 직업〉, 〈7번 방의 선물〉 등에서 명품 연기를 선보이며 천만 배우의 반열에 오른 류승룡도 마흔이 넘어 유명해지기 전까지 도로 포장, 과수원 비닐하우스 설치 등의 일을 하면서 계속 오디션을 보고 다녔다고 한다. 인내의 과정은 그렇게 지난하다.

그대들의 지금은 어떤가? 뿌리를 내리는 시간인가, 그저 아무 생각 없이 뭉개고 있는 시간인가? 힘에 부쳐 짜증나고, 생각대로 되지 않아 포기한 상태인가, 고통스러워도 인내하며 계속 달리는 중인가? 뿌리를 내리는 중이라면 언젠가는 세상 위로 치솟을 것이고, 포기 상태라면 그게 무엇이든 결코 눈앞에 드러나지 못하고 이름 없이 사라질 것이다.

힘들고 어려워도 포기하지는 말자. 뿌리를 내리고 있는 대나무처럼 많은 시간을 참고 깨우치고 배워야 한다. 같은 실수를 반복하지 않도록 계속 가다듬어야 한다. 그러고 나면 달콤하고 단단한 열매가 주렁주렁 열린다. 힘들 때는 래퍼 쿤디판다의 '뿌리' 같은 노래를 들어보자. 나는 도움 되는 가사가 담긴 노래를 들으면 사고가 더욱 단단해진다. 한동안은 성공과 동기부여를 표현한 가사들의 음악만 계속 들었는데, 어느새 가슴이 웅장해지며 다시 달릴 힘이 생겼다.

끝에서 시작하라. 그대들의 끝은 창대할 테니! 잘되었을 때의 결과를 미리 보고, 그 결과를 생각하고 지금을 견디자. 온갖 장애물, 방해 공작이 있겠지만 험난할수록 그 끝이 더 달콤한 법이다. 그러니 절대 좌절하지 말고 끝을 주시하며 결승선만 바라보고 뛰자. 중간중간 놓인 허들만 쳐다보다가는 그 허들에 걸려 넘어질 확률이 높다. 허들의 존재는 당연하다. 그걸 뛰어넘어야 결승선에 도달한다. 그대들의 시선을 절대로 장애물을 향하도록 내버려 두지 말자. 걸리라고 있는 게 아니라 넘으라고 있는 게 장애물이다. 지독하리만큼 끝만 바라보며, 온갖 장애물을 다 넘고 결승선에 도착해 포효하는 모습만 상상하자. 상상이 현실이 된다.

나는 힘들 때마다 가족을 떠올렸다. 특히, 엄마를 늘 떠올렸다. 고생으로 점철된 그녀의 인생을 누구보다 잘 알았기에 달리기를 멈출 수 없었다. 가족을 부양해야 할 의무가 있는 나는 그 의무를 무조건 수행해야 하므로 중간에 설 수가 없었다. 우리 가족의 엔진으로 돈도 많이 벌어야 하고, 사회적으로도 올바른 인물로 성장하는 게 엄마에 대한 효도라고 생각했다. 그래서 한없이 철없고 부족했던 때를 지난 후부터는 계속 발전하기 위해 힘들어도 참아냈다. 작심삼일의 상징이 인내의 아이콘으로 바뀐 데에는 가족의 힘이 컸다. 가족은 위대하다.

그대들도 마찬가지 아닌가! 가족을 떠올리면 마음 한켠이 짠하고 뭉클해지며 절대 멈추지 못하게 된다. 존재하는 한 누구든 가족을 가장 사랑할 테니, 사랑하는 사람을 행복하게 해 주는 게 존재의 이유 중 하나일 테니 당연하다. 참고 달리기를 재촉하는 말에 호흡이 가빠졌는가? 그럼에도 불구하고 달리라고 말하고 싶다. 결승선에 도달한 뒤에 숨을 가다듬으며 휴식을 취해도 늦지 않다. 그리고 그 휴식은 탕후루보다도 훨씬 더 달콤할 것이다. 무조건 확신한다. 지금 그대들의 달리기가 위대한 결과를 가져오리라는 사실을!

끝에서 시작하라. 그대들의 끝은
창대할 테니! 잘되었을 때의 결과를 미리 보고,
그 결과를 생각하고 지금을 견디자.

'몽상가'에서 '리얼리스트'로

　잠은 내 삶에서 떼려야 뗄 수 없는 과거의 일부분이다. 잠으로 현실을 회피했고, 꿈속에서라도 형편없는 내 인생에서 도피하려 또 잠을 잤다. 꿈속에서 또 꿈을 꾸며 몽중몽(夢中夢)에 갇혀 살았다. 하지만 지금은 깨어 있는 새벽이, 그 시간이 너무나 소중하다. 꿈은 이미 지겹도록 꿨으니 현실인 세상에서 진짜 꿈을 이루는 시간이다.
　꿈만 꾸면서 사는 사람들이 있다. 거창하고 큰 꿈은 꿈 자체만으로도 위대하지만, 문제는 그 꿈과의 괴리감이다. 꿈에 도달하려는 노력은 1도 하지 않고, 계속 꿈만 이야기하면서 산다면 그냥 과거의 나처럼 몽중몽에 갇힌 몽상가일 뿐이다.
　꿈과 목표를 구분해야 한다. 이루고 싶은 큰 꿈은 그리되 현실과 타협도 할 줄 알아야 한다. 타협의 결과물이 바로 목표다. 어떤 목표를 정하는가는 온전히 그대들의 선택이지만, 내 경험상 현실과 너무 괴리되지 않은, 이룰 수 있는 만큼의 수준에서 살짝 상향된 정도가 적절하다. 달성하면 조금 더 올리고, 또 더 올리면서 상향시켜 가면 그 목표들이 도화선이 되어 결국 꿈에 다다르게 될 것이다.

군대 생활을 할 때 우연히 《체 게바라 평전》을 접하고 읽었다. 큰 감명을 받았다. 사회주의 혁명가이지만 자본주의를 대표하는 나라인 미국에서조차 추앙받고 있으며, 실존주의 철학의 대가인 사르트르로부터 "20세기 가장 완전한 인간"이라고 극찬받은 그의 평전에는 "우리 모두 리얼리스트가 되자. 그러나 가슴속에 불가능한 꿈을 가지자"라는 말이 나온다. 나는 수년 전부터 그 문구를 좌우명으로 삼고 계속해서 '위대한 인물 되기'라는 큰 꿈을 간직한 채, 현실적으로 목표를 정하고 하나씩 달성하려 노력하는 리얼리스트로 살아왔다.

본받을 만한 인물의 일대기를 다룬 평전은 여러 번 읽어 두면 반드시 도움이 된다. 평전까지는 아니지만 글쓴이의 삶을 알 수 있는 홍정욱 대표의 《7막 7장》, 《50》도 정말 좋았다. 인물에 대한 평가는 각자의 생각에 따라 다 다르겠지만, 나는 개인적으로 이분을 존경한다. 지금은 지구 살리기, 친환경과 관련된 식품 사업을 하는데, 그 제품을 매일 먹는다.

미라클 모닝을 한다고 해서 인생이 미라클해질까? 그렇지 않다. 하지만 리얼리스트로 사는 데 있어 나에게 미라클 모닝은 큰 자양분이 된 게 사실이다. 4시든 5시든 일어나는 시간이 중요한 게 아니다. 일찍 일어나서 삶에 도움이 되는 행위들을 지속해서 반복하는 것! 그것이 핵심이다. 그게 쌓이고 쌓이면 분명 인생이 달라진다. 미라클 모닝 커뮤니티에 가입하고, 일찍 일어나 사진 찍어 일어났다는 걸 인증한 후 다음 인증 사진을 찍기 위해 졸면서 억지로 앉아 있는 건 아무런 의미가 없다. 눈빛이 형형한 상태로 깨어 있어야 한다.

야행성 인간인 나는 아직도 밤에 번뜩이는 생각이 떠오르고, 아이디어가 분출할 때가 많다. 그런데도 밤보다 새벽을 선호하는 이유는 누구에게도 방해받지 않는 시간이기 때문이다. 저녁이나 밤에 해야 하는 일들에는 종종 변수가 생긴다. 사회생활을 하는 사람이라면 누구나 한번쯤 겪어보았을 것이다. 피치 못할 술 약속, 저녁 약속 등이 갑자기 생기거나, 상사의 지시로 하고 싶지 않은 야근을 하게 될 수도 있다. 하지만 새벽은 급작스러운 변고가 아닌 한 특별한 변수가 존재할 확률이 거의 없다. 온전히 나에게만 집중할 수 있다.

누구의 눈치도 볼 필요 없는 새벽에 내면의 소리에 집중해 자신과 대화하고 생각하는 시간을 가지면서 스스로를 위한 삶을 떠올려보자. 또 묵상, 독서, 명상, 확언, 심상화, 운동 등

중에서 하고 싶은 것 하나를 골라 먼저 해보자. 하나가 습관이 되면 하나씩 추가하자. 그렇게 몇 년을 살다 보면 정말로 에너지가 미친 듯 샘솟는다. 해야 할 일들과 감사할 일들이 계속 생겨난다. 숨 쉬는 것, 존재하는 자체도 감사하고, 새벽에 나와 마주하는 시간과 보이지 않는 공기에게도 감사함이 느껴진다. 어차피 그대들의 인생은 그대들이 주인공이며, 인생의 변화는 행동의 변화에서부터 시작된다.

남들이 미라클 모닝을 한다고 따라 하는 게 아니라 스스로 깨어 있어야 한다. 그 시간에 가만히 멍을 때리거나 잡다한 생각을 해도 좋다. 처음에는 그럴지 몰라도, 매일 50ml의 피가 만들어지면서 깨끗한 피가 우리 몸을 순환하듯, 잡생각들이 휘발되고 나면 되고 싶은 자기 모습을 이루는 데 보탬이 되는 생각들이 떠오르게 마련이다.

주인공이 될지 부속품 중 하나로 살아갈지는 철저히 본인의 선택에 달려 있다. 인생은 연출자가 '나'인 연극이다. 주인공이 될지 조연이 될지는 남이 정해주는 게 아니라 '나'의 선택이다. 내가 아닌 다른 사람을 연기하듯 살라는 게 아니라, 한바탕 꿈이자 연극인 내 인생은 내가 원하는 대로 충분히 그려갈 수 있다는 말이다. 그 꿈을, 그 연극을 망치지 말고 더 신나게, 더 멋지게 연출해보자. 그대가 상상한 삶이 인생이라는 무대 위에 그대로 펼쳐지리니! 눈에 보이는 게 전부가 아니다. 존재하는 모든 것들에는 눈에 보이지 않는 모습이 더 많다. 마찬가지다. 지금은 그대가 원하는 모습이 보이지 않을지라도 그대로 그려가며 계속 상상하고 행동한다면 어느덧 그것이 그대들의 인생이 된다.

인생을 미라클하게 바꾸고 싶은가? 나를 바꾸지 않으면 그런 일은 일어나지 않는다. 몽상가가 아닌 리얼리스트로서 설렘 가득한 상태로 기상해 조금씩 나를 바꾸어 나가야 주인공이 되고, 인생이라는 축제를 즐기며 미라클한 삶을 살 수 있다. 그렇게 되었으면 좋겠다. 그대들은 유일무이한 존재니까!

* 외래어 표기로는 '미러클'이 맞으나 여기서는 고유명사처럼 쓰이는 '미라클 모닝'이라는 단어에 맞춰 '미라클'로 표기했다.

'빨리'에서 '제대로'

'시간이 돈'이라는 말이 있듯 어떤 일을 하든 빠른 업무 처리는 기본이다. 평범한 직장인이라면 빠르게 처리하지 못하면 경쟁에서 밀려날지도 모른다는 강박에 시달리고 있을 가능성이 크다. 나도 마찬가지다. 예전에는 빠르게 처리하는 데만 치중해 주먹구구로 일을 하다 보니 정확성이 떨어졌고, 그러다 보니 효율성 또한 함께 떨어졌다.

업무를 빠르게 처리하는 편인 나는 멀티태스킹이 가능해 여러 가지 일을 동시다발적으로 수행할 때가 많았다. 하지만 신속함을 유지하면서도 실수하지 않는 게 중요했다. 그래서 그다음부터는 주로 정확도에 초점을 맞춰 일을 하면서 점차 신속성 비중을 높여가며 정확성과 신속성을 함께 갖추려고 노력했다. 지금도 전쟁에 임하는 각오로 일을 하면서도 빠르고 정확해지려고 두 눈을 부릅뜬다.

그대들도 빠른 업무 처리 능력을 원하는가? 왜 그런가? 빨리 성공하고 싶어서인가? 그런데 말이다. 성공한 사람이나 부자들을 보면 다들 운이 좋아 갑자기 성공한 듯 보일지 모르나 그 이면에는 보이지 않는 오랜 시간이 숨겨져 있다. 굳이 예를 들 필요도 없는 공통점이다. 그런데 우리는 종종 결과만 보고 당연한 그 사실을 간과한다. 그들의 피나는 노력과 인고의 시간은 까맣게 잊은 채 성공한 모습만 쳐다보며 자기도 순식간에 그런 성공을 거머쥘 것으로 착각한다. 하지만 각자가 처한 환경과 살아온 방식에 따라 정도의 차이는 있을 수 있으나 노력과 인내의 시간 없는 성공은 불가능에 가깝다. 그렇게 호락호락한 세상이 아니다.

"난 성공하고 싶어", "난 성공하고 말 거야"라는 외침은 허공을 헤매다 사라지는 공허한 메아리와 같다. '성공'에 대한 확신과 확언은 중요하나 말만 그럴듯하고 움직이지 않는다면 요행을 바라는 것과 다름없다. 로또도 사야 당첨된다. '성공한 사람을 부러워하는 것, 부러우면 따라 하는 것'이 공식이다. 그들이 얼마나 노력했는지 철저하게 조사하고 공부하고 카피해서 내 삶에 적용할 자신이 없으면 그 시간에 자기만의 인생을 사는 게 현명한 삶이다.

나는 너무나 성공하고 싶고, 부자가 되고 싶고, 행복해지고 싶었다. 그래서 롤모델로 삼은 사람들의 책과 영상을 보고 공부하고 따라 했으며, 지금도 더 발전하기 위해 계속 탐구하고 노력한다. 내가 생각하는 '거인'들에 비해 나는 아직 턱없이 부족할 뿐만 아니라 한없이 나약한 존재이기 때문이다. 그들처럼 위대해지고자 매일 그들처럼 생각하고 움직인다. 나에겐 그것밖엔 방법이 없다.

　빠른 성공, 우연한 성공, 로또 같은 요행에 인생을 걸지 말자. 로또 사는 사람들을 무시하거나 비방하는 게 아니다. 한 번쯤 부자가 되는 행복한 상상을 하며 일주일을 소소한 기대와 함께 열심히 일한다면 그 삶도 괜찮다. 하지만 일확천금을 생각하며, 우연을 기다리며 그것에 목을 맨다면, 그러다 기다리지 않는 시간을 빼앗기게 된다면 삶의 끝이 불행해질 것이기 때문이다. 설사 운이 하늘에 닿아 편하게, 빠르게, 우연히 성공한다 해도 쉽게 날아갈 수 있음을 기억해야 한다. 무한한 노력과 인내로 힘들게 거머쥔 성공이라야 웬만해서는 도로 빼앗기지 않는다. '빨리'보다 '제대로'가 먼저라는 말이다.

　'행복' 이야기가 나와서 말인데, 그대들은 왜 성공하고 싶은가? 사람마다 '성공'에 대한 기준은 모두 다를지 몰라도 그 이유는 거의 하나로 수렴된다. '행복'해지기 위해서! 나에게도

'행복'은 성공보다 더 위대한 단어다. 행복하지 않다면 내 삶에서 '성공'은 아무 의미가 없으니까! 그런데 어마어마한 성공을 이룬 후 돈 때문에, 자리 때문에 싸우는 부모와 자식, 형과 동생 등의 얘기를 수없이 본 바 성공했다고 모두가 다 행복한 건 아닌 듯하다.

그대들도 '성공'에 방점을 찍기보다 왜 성공하고 싶은지, 무엇을 위해 성공하고 싶은지를 기억해야 한다. 그것이 만약 '행복'이라면 본인에게 '행복'이란 어떤 상태를 말하는지 확인하고, 그 행복에 다가서기 위해 지금 무엇을 해야 하는지 생각하자. 그게 바로 '성공'의 시작이다. 그러니 미래의 행복을 위해 현재의 행복을 소멸시키지는 말자. 만약, 미래의 더 큰 행복을 위해 무엇 하나를 포기해야 한다면, 그 포기조차도 행복한 일이었으면 좋겠다.

다시 정확성과 신속성에 관련된 팁을 말하자면 '시스템'이다. 사람은 누구든 언제든 실수할 수 있으나 만들어둔 '시스템'에 맞춰 일을 하면 그 실수를 최소화하며 제대로 할 수 있다. '시스템'의 우선순위는 정확성이 먼저고 신속성은 그다음이라는 뜻이다.

나는 매년 12월이 되면 이듬해 진행할 '사업계획서'를 만든다. 그리고 그에 맞춰 분기별, 월별 계획서를 작성하고, 매일 내가 해야 할 일들을 정리하고 기록하며 그대로 시행한다. 그날그날의 시나리오를 미리 쓰고 그 '시스템'에 따라 움직인다. '나'라는 인간을 '내'가 설계하고, 그 설계에 맞춰 살아가는 것이다. 물론, 수정과 보완을 계속하면서…….

한낱 허상을 꿈꾸기보다 현실적인 계획을 작성하고, 그 계획을 매일매일 수행하며 살자. 그러면 나중에는 굳이 쓰지 않아도 몸이 기억하고 자동반사적으로 신속히 움직이는 그대를 발견하게 될 것이다. 마치 AI처럼! 그게 정확성과 신속성을 유지하는 나의 비결이다.

대한민국 최고의 지성으로 불리는 고(故) 이어령 선생은 "우리는 모두 천재로 태어났다"고 말했다. '나'의 현재 상황을 정확히 인지하고, 지속적인 노력을 결심하고, '나'만의 방향을 향해서 뛰면 모두가 1등, 즉 천재라는 뜻이다. 맞다. 그렇게만 한다면 마침내 지금의 행복을 잃지 않으면서도 더 행복한 미래를 맞이하게 될 것이다. 부디 모두가 쳐다보는 한 곳에 먼저 다다르기 위해 '빨리'만을 강조하다 '제대로' 하지 못해 각자에게 주어진 소중한 행복을 놓치는 일이 없기를!

'프로 대충러'에서
'진짜 프로'로

    인생은 증명하는 게임이다. 현실은 냉정하다. 아무리 노력했어도 결과로 증명하지 못하면 아무도 알아주지 않는다. 나는 결과물을 만들어내지 못하는 사람이었다. 어떤 일이든 도중에 그만둘 때가 많았고, 대충대충 넘어가려는 습성이 있었다. 그러니 뭐 하나 되는 일이 없었다. 대충대충 사니 결과도 대충대충 나올 수밖에! 그런 내가 싫었다. 끝까지 하는 모습을 보인다면 인생이 조금은 더 나아질 텐데…….
    나는 변화를 시도했고, 지금도 더 완벽에 가까워지기 위해 노력 중이다. 가끔은 말이다. 솔직히 말하면, 지금 이렇게 변해버린 나보다는 그냥 대충 편하게 살고 싶은 달콤한 유혹에 시달릴 때도 있다. 하지만 그렇게 살면 결과가 뻔히 보이니 그럴 수가 없다. 나의 잠자는 시간과 꽉 짜인 업무 등을 아는 사람들은 피곤하지 않냐며 내 건강을 걱정하는 말들을 종종 하지만 집중할 곳에 집중하고 있으면 그런 게 느껴지지 않는다. 오히려 대충대충 살 때 마음이 더 지쳤고 몸이 피곤했다. 반면, 일에 집중해 완벽히 수행해냈을 때의 쾌감은 이루 말할 수 없을 만큼 짜릿했다.

대충대충 부실공사를 한 건물은 언젠가는 무너진다. 2023년 4월 29일, 충격적인 뉴스가 흘러나왔다. 국내 최고의 프리미엄 브랜드 중 하나인 모 아파트 지하 주차장이 무너져내린 것이다. 원인은 32개의 철근이 들어가야 하는 기둥들에 17개만 넣는 철근 누락과 설계보다 낮은 콘크리트 강도 때문이었다. 그 위에 설계 시 예상했던 것보다 훨씬 많은 토사가 쌓였으니 안 무너졌다면 그게 더 이상한 일이었으리라. 결국 그 건설사는 수천억 원을 들여 다시 짓기로 했다.

한낱 건물도 이렇게 뚜렷한 결과로 이야기하는데 어떻게 인생을 대충대충 살 수 있겠는가. 한 번뿐인 소중하고 귀한 그대들의 인생이 부실공사로 무참히 무너져서는 안 된다. 더 정교하고 섬세한 설계, 한 치도 어긋나지 않는 시공으로 마침내 보석이 되어 반짝반짝 빛나야 한다. 그대들은 그 결과를 누릴 권리가 충분하다.

목표와 꿈을 한번 상기해보자. 그리고 어떻게 하면 더 멋

있고 완벽하게 달성할지 생각해보자. 머릿속에서 대충대충, 설렁설렁, 건성건성 같은 단어들은 삭제하자. 평범한 성공에는 감흥이 없으나 계획에 따른 완벽한 성공에는 감동이 있다. 그러니 그대들만의 스토리를 만들고 집요하리만큼 몰두하자. 가끔은 심호흡이 필요할 때도 있겠지만, 적어도 일에 있어서만큼은 꼼꼼하고 완벽하려 노력하자. 행동하는 그대들은 이미 충분한 천재 아닌가!

사람들은 증명된 전문가를 원하지 대충 아는 사람을 원하지 않는다. 어떤 일이든 마찬가지다. 프로는 노력으로 이야기하지 않는다. 결과로 증명할 뿐! 전 세계에서 내로라하는 축구선수들이 뛰는 잉글랜드 프리미어리그 2021~2022 시즌에서 우리나라의 손흥민이 아시아 선수 최초로 득점왕에 올랐다. 당분간은 깨지기 어려운 새 역사를 썼다. 아니, 어쩌면 우리가 살아 있는 동안에는 못 볼 수도 있는 대기록이다. 또 2020년 8월 22일, 우리나라의 자랑 BTS의 노래 〈다이너마이트〉는 공식 영상이 처음 업로드된 그날 유튜브에서 1억 110만 뷰를 달성함으로써 24시간 동안 가장 많은 뷰를 달성한 영상으로 기네스에 기록되었다. 그리고 10개가 넘는 기네스 기록을 가진 BTS는 2022년 기네스북 명예의 전당에 오르기도 했다. 그들은 숫자와 결과로 자신을 증명하는 진정한 프로였다.

한 번 성취감을 맛보면 계속 그 기분을 다시 느끼기 위해 노력하게 마련이다. 한 번 달성하고 나면 두 번, 세 번은 처음보다 쉽다. 탄성이 붙은 데다 달성하고 싶은 간절함이 동기부여로 작용하기 때문이다. 지금 아무것도 해낸 것 없이 무대 위에 선 타인의 성취에 박수만 보내고 있는가? 그렇다면 박수를 보내면서 그대들이 그 위에 올라선 모습을 상상하자. 그대들 모두는 프로의 세계에서 사는 프로다.

나는 내가 속한 조직에서 몇 년째 챔피언이다. 자랑이 아니라 사실이다. 느닷없이 세상을 덮친 코로나로 인해 몇 년 동안 열리지 못하던 시상식이 2023년 1월 강남의 한 호텔에서 드디어 열렸다. 수백 명의 박수 소리를 들으며 무대 위에 올라섰다. 수년간 못 받은 상을 한 번에 몰아서 받는 듯해 더욱 감회가 새로웠다. 챔피언을 상징하는 독수리 상패를 받고 5분간 수상소감을 발표했는데, 1도 떨리지 않았다. 앉아서 듣고 있는 사람들이 모두 별처럼 빛나 보였다. 가족들도 참석한 이 시상식은 나에게는 잊지 못할 소중한 순간이자 추억이 되었다. 그리고 2024년 2월 5일, 2023년 한해 동안 최고의 성과를 달성해 또다시 그 무대 위에 올랐다.

한 번 챔피언이 되면 다시는 내려가기 싫다. 그 기쁨과 희열을 맛본 사람은 그 맛을 잊지 못한다. 내 동기부여이자 원동

력도 그것이다. 대뇌피질 깊숙이 각인된 그 순간, 내 역사의 소중한 한 페이지로 장식된 그 광경이 나를 다시 뛰게 만든다. 아마도 나는 또 챔피언을 먹을 것이다. 끊임없이 따라붙는 동료들의 도전에 더 열심을 내야 하지만, 그래도 또 시상대에 오르기 위해 오늘도 달릴 것이다. 그대들도 간절하게 갈구하고, 생생하게 상상하며, 그에 걸맞은 태도로 본인이 원하는 것을 달성하는 사람이 되길 바란다. 우주는 그대 편이다.

한 번 성취감을 맛보면 계속 그 기분을
다시 느끼기 위해 노력하게 마련이다.
한 번 달성하고 나면 두 번, 세 번은 처음보다 쉽다.

'경쟁자'에서
'창조자'로

　우리는 살면서 수많은 경쟁에 시달린다. 초등학교에 입학하는 순간부터 어쩔 수 없이 순위 매기기 게임에 강제로 참여하게 되고, 본격적인 경쟁의 길로 들어선다. 심지어는 내 마음과 상관없이 둘도 없이 친하게 지내는 옆자리 짝꿍과도 비교당하기 일쑤다. 사실, 경쟁은 서로의 발전을 도모하는 좋은 성장 수단 중 하나이다. 하지만 너무 지나치게 경쟁에만 몰두하다 어느 순간 무엇을 위해 경쟁하는지도 모른 채 그저 경쟁을 위한 경쟁을 하는 사람들을 볼 때가 있다. 아니, 종종 발견한다. 가슴이 아프다.
　어릴 적, 승부욕이 강한 편이었던 나는 참가하지 않았다면 모르겠으나 자발적으로 참가한 경쟁에서는 지는 걸 끔찍이도 싫어했다. 순위가 드러나는 게임을 할 때면 무조건 이겨야 했다. 지는 날은 분해서 잠도 잘 안 왔고, 다음에는 어떻게 해야 이길 수 있을지 생각하고 또 생각했다. 그러고 나서도 다시 지는 바람에 화가 날 때도 있었다.

그런데 말이다. 생각해보면, 희한하게도 져서 분할 때도 절대로 경쟁자를 미워하거나 질투하거나 비난하진 않았다. 미워하거나 비난한다고 해서 바뀌는 건 아무것도 없다는 사실을 그때 이미 은연중 알았기 때문일까? 졌다고 시기하고 질투하면서 뒤에서 험담하고 욕해봤자 오히려 더 큰 패배감만 몰려든다는 사실을 본능적으로 느꼈기 때문일까? 차라리 그 시간에 경쟁자를 더 철저히 분석해서 그의 약점을 파악하고 나의 강점을 더욱 강화시켜 다음에 이기면 그만이라고 생각했다. 깨끗이 승복하고 다음에 이길 방법에만 골몰했다.

누군가를 질투하며 시간을 낭비하기보다는 차라리 그 시간에 경쟁자를 분석하고 좋은 점은 벤치마킹하는 게 이기는 데 있어 어쩌면 가장 빠른 지름길일지 모른다. 벤치마킹을 하라면 마치 표절이라도 해야 하는 작가처럼 잘못이라는 생각에 심리적으로 위축되거나 '뭘 그렇게까지 해'라며 가볍게 여기는 사람들이 있다. 물론, 예술가라면 남의 작품을 그대로 흉내내거나 베끼는 게 범죄에 해당하겠지만, 재산권으로 보호받는 기술이 아닌 사회에서 통용되는 행동들은 그렇지 않다. 학교에서 세상을 먼저 살다 간 인간들이 쌓아놓은 축적된 지식을 배우는 것과 마찬가지로 남을 모방하거나 흉내 낸다고 해서 비난받을 일이 아니다.

따라 하지 않고 뭔가를 배우기는 어렵다. 글자를 배울 때도 일단 쓰인 글씨를 그대로 따라 쓰는 것으로부터 시작되며, 기술이나 영업 등도 선배들의 노하우를 먼저 그대로 흡수한 다음에야 자기만의 스타일로 응용하는 게 가능하다. 그러니 우선 경쟁자를 그대로 따라 해보자. 그리고 그걸 응용해 그대 스타일로 덧붙여내면 그게 바로 창조다. 그때가 경쟁에서 창조로 넘어가는 단계이다.

하지만 만약 경쟁자가 밉다면? 미워하면서 따라 하면 제대로 흡수할 수 있을까? 혼탁한 마음에 밝은 기운이 들어오기는 어렵다. 부러워하면 지는 게 아니라 부러워서 미워하는 게 지는 것이다. 미움 이전에 자극, 승부욕, 동기부여 같은 감정들을 앞세워 더 치열하게 따라 하고 변화하려고 노력하자. 그리고 간신히 따라잡았다면 그것을 더 멋있게 창조해보자. 그렇게 경쟁자와 그대가 동시에 성장하는 길로 들어선다면 더 멋진 미래로 이어질 것이다.

삶에서 '경쟁'은 피할 수 없다. 평범한 직장인이라도 동료들과 비교가 될 수밖에 없다. 여러 부서나 팀끼리 협업해 경쟁하는 구조는 지극히 평범한 기업문화 중 하나다. 그런데 거기에서 승자와 패자를 나눈다면 어떻게 될까? 회사가 망할지도 모른다. 그것은 나쁜 경쟁이다. 어쩔 수 없이 경쟁해야 한다면, 이왕이면 선의의 경쟁을 통해 멋지게 동반 성장하는 것이 회사와 나 그리고 사회가 성장하는 길이다.

기나긴 인생 여정에서 경쟁에서 무조건 이기는 것만이, 그래서 성공하는 것만이 능사는 아니다. '나쁜 경쟁'의 소용돌이 속에 휘말리기보다 경쟁의 순기능을 바라보며 서로 상생하는 길로 나아가야 한다. 그 또한 그대들의 시선에 달렸다. 성공보다 성장에 포커스를 맞추다 보면 자연스럽게 성공이 따라오면서 더 크게 성장하는 그대들을 보게 될 것이다. 그러려면 먼저 '나'를, 내 마음속에서 자라는 시기와 질투, 미움 등과 싸워 이겨내야 한다.

투자의 귀재 워런 버핏의 설진이자 사업의 동반자로서 가치 투자의 대가로 손꼽히며, 성공한 투자자산가의 상징으로 칭송받는 찰리 멍거(Charles Thomas Munger)도 "질투는 가장 어리석은 죄다. 아무런 쾌락도 주지 못하는 데다 비참한 감정만을 느끼게 하기 때문"이라고 말했다. 한때 잘나가던 버핏에게 질투심을 느꼈다는 그는 질투 같은 감정들은 잘못된 결정으로 이끌어 나쁜 결과를 가져올 가능성이 크다며 극복해내기를 주문했다.

그렇다. 가장 큰 '경쟁자'는 바로 '나' 자신이다. 모든 경쟁자를 물리치고 최고가 되었든, 아직 경쟁의 일선에서 고군분투하는 중이든 자기 자신, 즉 '나'라는 경쟁자를 매일 이기는 사람이 가장 무서운 법이다. 자신을 잘 통제하고 절제하며 매일 성장해 나가는 사람의 결과는 위대하다. 오늘도 '나'를 이기고 창조자로 나아가는 그대들이 되길 소망한다.

'수동태'에서
'능동태'로

    나는 아주 소극적이고 수동적이었다. 스스로 무엇을 먼저 주장하거나 만들어내지 못했으며, 흔히 말하는 주입식 교육에 딱 맞는 사람이었다. 그 와중에도 책임감은 있어 누가 시킨 일이나 맡은 바 임무는 제법 해내는 스타일이라 공무원이나 일반적인 회사에 취직해 일해보라는 말도 종종 들었다. 하지만 왠지 그렇게 평범한 인생을 사는 건 재미가 없을 것 같았다. 뭔가 특별하게 살고 싶다는 소망이 있었다.

    그러면서도 그저 다르게 살고 싶다는 생각만 할 뿐 소심하고 수동적인 내 삶은 변하지 않았다. 그러다 한 10년 전쯤, 사는 게 너무 힘들어 생을 마감하고 싶을 때였다. 방황하면서 정말로 목숨을 끊어야겠다고 생각한 순간, 느닷없이 가슴 한편에서 내 인생의 주인공은 나며, 삶이 영화나 연극이라면 평범한 주인공이 특별한 사람으로 변하는 스토리를 쓰고 싶다는 간절함이 일었다. 자살을 실행하려던 주인공이 그 역경을 이겨내고 마침내 성공하는 그런 이야기 말이다. 그리고 그 생각은 나를 수동적인 사람에서 적극적인 사람으로 변화시켰다. 그 후로는 평범한 단기 알바를 하더라도 남들보다 잘하려고 노력했고, 노력은 결과로 나타났다.

5월은 스승의 날, 어버이날 등 행사들로 인해 꽃이 많이 팔리는, 꽃 수요가 많은 달이다. 10년 전 5월도 그랬다. 그때 압구정동의 한 꽃집에서 2주 정도 바쁜 시즌에 일할 사람을 구한다는 공고를 보고 지원해 면접을 보고 일을 시작했다. 약 10명 정도가 함께 채용되었는데, 전문 플로리스트들이 작업을 순조롭게 할 수 있도록 꽃잎을 제거하거나 버려진 쓰레기 등을 치우는 아주 단순한 노동이었다.

얼마나 인기가 많은 꽃집인지 사장님은 이런저런 지시만으로도 엄청 바빴고, 플로리스트들도 꽃다발과 꽃바구니 만들기에 여념이 없었다. 그 이면에 보이지 않는 잡일이 전부 알바들의 몫이었는데, 빠르게 치우지 않으면 주변이 온통 난장판이 되어버리므로 다들 그저 이리 뛰고 저리 뛰며 쓰레기를 걷어내는 데만 열중했다. 사실, 그 일만으로도 시간이 모자랄 정도이긴 했다.

하지만 나는 여기서도 빛이 나고 싶었다. 어떻게 하면 더 효율적으로 일할 수 있을지 생각했다. 맡겨진 일을 하면서 작업 여건을 곰곰이 주시해 보니 동선이 너무 복잡해 알바생들끼리 오며 가며 자꾸 겹치기 일쑤였다. 먼저 사장님께 동선 정리를 건의한 후 목장갑을 끼고 가시가 많아 치우기를 서로 미루는 나뭇가지를 먼저 치워 없애기 시작했다. 그러자 사장님은 내 의견을 적극 반영했으며, 단기 알바생들의 반장 격 역할을 맡겼다.

마침내 치열했던 2주간의 알바가 끝날 때쯤, 사장님은 나를 여러 번 불러 정식직원으로 일을 해보지 않겠느냐는 제안을 해주셨다. 감사했지만, 내가 마지막까지 정중히 거절하자 부모님 갖다 드리라며 당시 가격으로도 30만 원이 넘는 (고가의 꽃집이었다) 꽃다발을 선물했다. 단기 알바였음에도 일종의 퇴직금이자 보너스를 받은 느낌이었는데, 나만 받으니 기분이 참 묘하면서도 기뻤다.

'긍정적인 사고'의 창시자이자 세계적인 베스트셀러 《적극적 사고의 힘》의 저자인 노먼 빈센트 필(Norman Vincent Peale) 박사는 신문 배달, 상점 점원, 외판원 등을 전전하다가 목사가 되었다고 한다. 그 후 긍정적 사고에 대한 설교로 명성을 얻기 시작했고, 긍정적 사고로 끔찍하리만큼 열등감에 빠졌던 유년을 극복하고 자신을 발전시켰다고 고백하기도 했던 그는 이렇게 말했다.

"거대한 어려움에 가로막혀 빠져나갈 길이 보이지 않을 때도 한쪽 발을 앞으로 내딛어라. 당신은 불행하게 살아야 할 이유가 없다. 항상 이 점을 기억하라. 힘들고 지쳐 쓰러지더라도 믿어라. 당신은 어떤 어려움도 딛고 올라설 수 있을 만큼 큰 사람이다. 만일, 당신이 어떤 일을 성취하기 어렵다 하더라도 그것이 불가능하다고 생각해서는 안 된다. 오히려 무슨 일이나 할 수가 있으며, 이룰 수 있다고 생각하라. 언제나 포기하기엔 너무 이르다. 기적은 일어나는 것이 아니라 만드는 것이다."

그리고 그는 마침내 20세기 미국에서 가장 영향력 있는 성직자가 되었다.

또 손흥민 선수의 아버지 손웅정 님은 자신의 책《모든 것은 기본에서 시작한다》에서 "자신이 선택해서 자기 의지를 발휘하여 능동적이고 주도적으로 살지 않으면 자신을 잃게 된다. 자신이 자기 삶의 주인공이라는 의식을 갖는 게 중요하다. 뛰어난 축구선수가 되는 게 전부가 아니라 주도적인 삶을 이끄는 사람이 되는 것이 먼저여야 한다. 거기에 모든 노력을 기울여야 한다"고 말했다. 손흥민이라는 세계적인 축구선수는 아버지의 이런 가르침 아래 만들어진 것 아닐까?

나는 그때 꽃집 알바를 하면서 느꼈다. 내 행동이 적극적으로 바뀌고 나니 그에 따른 보상이 생긴다는 걸 말이다. 짧은 알바였지만 소극적이고 수동적이지 않고 적극적인 태도로 열정을 담아 주인의식을 가지고 일하다 보면 그런 선물도 주어진다는 경험을 했다. 그 후 수많은 알바를 하면서 어떤 일이든 두각을 드러냈는데, 그러면서 주인공이 될지 톱니바퀴의 하나로 살아갈지는 철저히 적극적이고 능동적인 '나'의 선택에 달려 있음을 깨달았다.

그대들은 어떤가. 적극적이고 능동적으로 변할 마음의 준비가 되었는가? 그렇게 되었기를, 그렇게 되기를……..

자신이 선택해서 자기 의지를 발휘하여
능동적이고 주도적으로 살지 않으면
자신을 잃게 된다.

'되는 대로'에서
'루틴 장착'으로

'루틴'(routine)의 사전적 정의는 "규칙적으로 하는 일의 통상적인 순서와 방법", "운동선수들이 최고의 운동 수행 능력을 발휘하기 위하여 습관적으로 하는 동작이나 절차"라고 되어 있다. 이런 의미의 루틴이 성공이라는 단어와 접목되면서 지금은 '운동 수행 능력의 발휘'가 아닌 '목표를 달성하기 위해서 행하는 행동'으로 이해될 때가 더 많다. 이러한 '루틴'은 나에게도 '일정 행위를 매일 함으로써 잡생각 없이 원하는 목표에 이르게 해주는 위대한 수단'인데, 사실 나는 '루틴'의 개념도 모르면서 그냥 일정 행동을 몇 년간 반복했다.

그러면 습관과 루틴의 차이는 뭘까? 습관이란 자동화된 욕구라고 한다. 무의식적으로 하는 행동이라는 말이다. 집을 나서기 전 핸드폰을 챙긴다든가, 대중교통을 이용하는 날에도 무심코 차 키를 챙긴다든가 하는 것처럼……. 반면, 루틴은 의식적으로 지속적인 노력을 해야 하는 것, 예를 들면 명상, 글쓰기, 운동 등이 이에 속한다. 그리고 루틴이 습관이 되기 위해서는 보상이 필요하다고 한다.

내 삶은 어떤 행동을 하고 나서 알게 되는 느낌표가 아니라 물음표가 가득한 인생이었다. 앞이 보이지 않는 자욱한 안개 속에 갇혀 무슨 일을 하든 '할 수 있다'라는 확신보다는 '과연 내가 할 수 있을까?'라는 의문으로 가득한 삶을 살았다. 고졸 출신에 특별히 습득한 기술도 없는 데다 딱히 하고 싶은 일도 없으니 그냥저냥 살아지는 대로 살았을 뿐 내 안에 '확신'이라는 단어는 존재하지 않았다.

그런 삶을 바꾸자고 마음먹었다. 그 방법 중 하나로 남들보다 일찍 일어나기를 선택했고, 지금은 매일 새벽 3시에서 4시 정도면 일어난다. 원래 잠이 많고 야행성 인간이었던 내가 매일 그 시간에 일어나는 건 무척 괴로운 일이었다. 1년 동안은 매일 피곤했고, 하루하루가 너무나 힘들었다. 하지만 멈추지 않았다.

기상 후 이불을 개고, 창문을 열고 환기를 시키면서 물을 한잔 마신다. 그 후 창밖을 바라보며 미래의 내 모습을 철저하게 상상하고 명상한다. 그리고 음악을 틀고, 책을 읽고, 필수

영양제를 먹는다. 여기까지가 내 나름대로 두뇌를 깨우기 위한 행동이다. 그다음 운동을 하고 아침을 먹는다. 이런 루틴은 출근 후에도 다양하게 진행되는데, 거의 기계처럼 움직이면서도 꼭 해야 한다는 강박에 시달리지는 않는다. 현재진행형일 뿐 더 좋은 방법이라고 생각될 때는 언제든 수정하고 보완해 바꿀 수 있다고 생각한다.

그렇게 '루틴'을 장착하는 순간 확신이 생겼고, 시스템에 따라 행동하면서 삶이 변하기 시작했으며, 이제는 모든 게 바뀌었다. 일어나자마자 피곤을 느끼고, 눈도 제대로 못 뜬 채 이불 속에서 스마트폰이나 뒤적거리다 다시 잠들고, 알람과 여러 번의 사투를 거친 후에야 겨우 집 밖으로 나오기가 일쑤였던 예전의 나는 사라졌다. 대신 서너 시간 동안 모닝 루틴을 수행하고 상쾌함과 승리감에 벅찬 가슴으로 경쾌하게 집을 나서는 나만 있다.

'나는 아침형 인간이 아니야. 나는 오히려 잠을 조금 자면 더 피곤해. 꼭 아침형 인간으로 살 필요는 없어'라고 생각하는 사람도 있으리라. 그 또한 그들의 자유다. 그 자유와 생각을 침해할 생각이 없다. 다만, 야행성인 내가 체험하고 변화한 과정을 순수하게 공유하고 싶을 뿐!

'1 Billion Doller Morning Routine'이라는 영상을 보면 억

만장자들의 모닝 루틴에 대해 나온다. '아침 일찍 일어나기'로 시작해 '꿈 기억하기', '침대 정리하기', '건강 보조제와 미지근한 물 마시기', '숨쉬기와 명상하기', '격렬한 운동하기', '차가운 물로 샤워하기', '책 읽기' 등이 그것이다. '아침 일찍 일어나기'가 첫 번째인 걸 보면 억만장자들의 루틴 중에서도 그게 가장 기본이 아닌가 싶다.

내가 하는 루틴들을 처음부터 모두 수행한 건 아니다. 하나에 하나를 더 얹으며 계속 반복했고, 그러다 보니 습관으로 자리잡았다. 루틴이 습관이 되기까지는 보상이 필요하다고 했는데, 내 스스로 나에게 보상을 준 게 없다는 건 그만큼 다른 형태로 루틴의 효과를 많이 보았다는 말과 같다. 루틴을 장착하기 전보다 수입이 10배 이상 늘어났으니 지금까지는 충분히 보상받고 있는 것 아닌가!

일도 마찬가지다. 프로세스를 루틴화해 처리하다 보면 속도가 붙고, 효율성이 생기며, 시스템으로 이어져 견고해진다. 그대들도 새벽에 1시간, 아니 30분이라도 일찍 일어나서 자신을 위해 뭔가를 실행해보라. 거기에 추가해 출퇴근 시간이나 점심시간, 퇴근 후에 지속해서 자기를 계발하는 루틴을 행한다면, 그렇게 하루, 이틀, 사흘, 1년이 지나고 더 긴 세월이 쌓이면 그것이 원하는 나를 만드는 무기가 되어 세상 밖으로 엄청난 화력을 토해낸다.

매일 행하는 루틴은 물음표이던 삶을 느낌표로 바꾸어주었다. 이제는 '내가 할 수 있을까?'라는 생각은 내 머릿속에 존재하지도 않고 주저하지도 않는다. 그게 무엇이든 불가능은 없고, 한계란 언제든 뛰어넘을 수 있으며, 무조건 다 이루어진다고 확신하며 산다. 그대들도 자신만의 강력한 루틴을 등에 업고 세상 밖으로 나서길 바란다. 좋은 루틴을 장착한 사람의 능력은 무한하다.

'갈구하는 사람'에서 '결과를 믿는 사람'으로

사람들은 대부분 결과를 바라보면서 현재를 살아간다. 하지만 결과를 바라보지 말고 이미 내가 이룰 결말을 아는 상태에서 살아간다면 어떨까? 삶이 훨씬 수월해지지 않을까? 마치 스포일러를 통해 스토리를 모두 알고 난 후의 해피엔딩 영화를 볼 때처럼 말이다. 그렇다. 그대들이 원하는 해피엔딩은 스스로 창조할 수 있다. 바라고 갈구하고 구하기보다 그것이 이루어졌다고 믿어보자. 그런 마음으로 살다 보면 마침내 그 목표에 이르게 된다.

그대들은 해피엔딩으로 끝나는 삶의 시나리오가 있는가? 없다면 당장 나의 인생 시나리오를 쓰자. 허무맹랑해도, 말이 안 돼도 상관없다. 인생은 수정과 보완의 연속이니 우선 초안을 만들어보자. 촘촘한 계획이 아닌, 자신이 원하는 인생을 러

프하게 그려보는 정도라도 괜찮다. 마음 가는 대로 원하는 인생을 쓰고 마치 영화 보듯 머릿속으로 상상해보자. 그리고 매일 그대로 될 것임을 확신하며 살자. 사실, 확신도 큰 의미 없다. 이미 그렇게 된다는 걸 알고 있는데 새삼 무슨 확신이 필요하겠는가.

인간의 내면을 탐구하며 삶의 본질을 다루는 이야기를 써 전 세계적으로 사랑받는 소설가 파울로 코엘료(Paulo Coelho)의 책 《연금술사》에는 '마크툽'이라는 아랍어가 나온다. 번역하면 '기록되어 있다'인데, 소설 속에서는 '어차피 그렇게 될 일이다'라고 해석된다. 맞다. 그대들의 인생은 어차피 그대들이 원하는 대로 그렇게 될 일이다. 의심하고 믿지 않는다면야 그 마음을 어찌할 순 없다. 하지만 이해하고 믿으며 인생을 살아가는 사람의 미래는 반드시 그렇게 되리라고 생각한다. 또한, 원하는 인생으로 살게 되어 있으니 지금 좀 힘들어도 불행하다거나 죽고 싶다는 생각을 하지는 않을 것이다.

365일 계속 맑은 날씨란 없듯 원하는 인생에 다가가는 여정에는 분명 고난과 역경을 겪을 수밖에 없다. 하지만 비가 오더라도 결국 그칠 뿐만 아니라 구름이 걷히고 나면 더욱 화창해진다. 그대들의 인생도 마찬가지다. 온갖 굴곡을 겪고 나서 해피엔딩으로 마무리되는 영화의 주인공처럼 다양한 경험과 사건들을 접할 때마다 절대 흔들리지 않는 신념을 소유하고 버리지 말아야 한다. 힘든 일이 생겨도 어차피 주인공인 내 인생의 결말인 해피엔딩을 향해 가는 하나의 과정이라고 생각하는 게 중요하다.

비 온 뒤 땅이 단단해지는 자연의 이치처럼 고난과 역경을 만나더라도 이미 해피엔딩임을 알고 사는 사람은 행복한 마음으로 극복하겠지만, 그렇지 않은 사람은 마음속 불행에서 헤어나오지 못한 채 세상을 원망하며 삶을 포기할지도 모른다. 그러니 인생의 프로그램값을 미리 세팅해 둔 상태로 살아보자. 자신의 미래와 결말을 스스로 정하고 살아가는 인생이라니, 이 얼마나 우아한가! 그대들도 이미 수없이 경험했겠지만, 원하는 미래는 갈구하고 바란다고 절대 갑자기 나타나지 않는다. 구하지 말고 믿고 상상하자. 이미 원하는 존재가 되어 살아가는 그대를……

그렇다면 어떻게 해야 믿게 될까? 100번 쓰기, 상상, 확언 등 목표나 결과를 지독하게 무의식에 입력하는 일련의 행위들 모두 좋다. 결승선에서 눈을 떼지 않는 방법은 계속 주시하는 것뿐이다. 나는 내 목표를 네이버 클로버 음성인식으로 다운받아 핸드폰 벨소리로 저장해 놓았다. 핸드폰 바탕화면도, 온갖 아이디와 패스워드도 다 목표와 연관된 숫자들이다. 집 안 곳곳에는 포스트잇이나 매직으로 목표가 도배되어 있으며, 심지어 화장실 거울에도 씌어 있다. 매일 드나들며, 오며 가며 내 목표를 볼 수 있도록 말이다. 우리 집에 처음 온 사람들은 많이 놀라지만, 내가 간절하니 그쯤은 아무 일도 아니다.

그중 가장 중요한 일은 오감으로 느끼는 것이다. 나도 유튜버 '민팍' 님의 칼럼에서 배운 내용인데, 목표를 달성했을 때의 기분을 마치 영화 하이라이트의 한 장면처럼 시나리오를 짜놓고 생생하게 상상한다. 길게 하지 않아도 좋다. 10~15초 정도면 충분하다. 명심할 점은, 인간은 오감을 소유하고 있으므로 시나리오는 시각, 청각, 후각, 미각, 촉각 모두로 상상할 수 있도록 작성해야 한다는 것이다.

나는 내가 목표를 달성했을 때 많은 사람이 축하해주는 모습과 환호 그리고 축배, 그곳의 디퓨저 냄새까지 설정해 놓고 매일 상상했다. 처음에는 간절한 마음으로 한 상상이었지만, 나중에는 간절할 필요도 없어졌다. 당연한 모습이므로 당연하게 느껴졌다. 그리고 그것들은 결국 다 이루어졌다.

그대들도 위대한 자신의 인생을 시나리오로 써놓으면 그 후부터 내내 삶이 흥미진진해진다. 내 미래를 내가 정하고, 원하는 인생을 마음껏 누릴 수 있으니 어찌 그렇지 않겠는가. 허무맹랑한 소리로 들릴지도 모르지만, 나는 내가 직접 경험했고 지금도 경험하는 중이라 당당하게 말할 수 있다.

'끌어당김의 법칙'의 창시자이자 "현실 세상이란 우리의 의식상태가 영화처럼 투영되어 나타난 것뿐"이라고 말한 네빌 고다드(Neville Goddard)는 일반적인 사람은 'Think of it'으로 살아가지만 위대한 인물은 'Think From it'으로 살아간다고 했다. 단어 하나의 차이에 지나지 않지만 깊이 생각해보면 의미하는 바는 천양지차다.

한치의 희망도 없는 듯한 어둠 속에서 방황하며 힘들게 살던 그때, 지속되는 좌절에 생을 포기할까 생각했던 그때 나에게는 설계도조차 없었다. 설계도 없는 건축물은 존재할 수 없듯 시나리오 없는 인생은 캄캄한 터널 속을 끝없이 걷게 될 수도 있다. 매일매일의 인생을 아름다운 시나리오로 시작하는 그대들이 되었으면 좋겠다.

CHANGE THREE
: 몸이 변하다

> 그대들의 지금은 어떤가?
> 뿌리를 내리는 시간인가,
> 그저 아무 생각 없이 뭉개고 있는 시간인가?

'불만 가득 상'에서
'웃는 얼굴'로

앞에서 고백했듯 나는 아주 소심한 이기주의자였다. 게다가 집안 환경이 좋지 않다는 걸 핑계 삼아 불행아 코스프레를 하며 우울하게 살았다. 사진 찍는 걸 별로 좋아하지 않아 몇 장 없기도 하지만, 그나마 남아 있는 사진을 보면 세상 모든 불평불만을 다 가진 사람 같고, 어느 한 곳을 응시하지 못하는 눈에는 힘이 다 빠져 있다.

어느 날, 무심코 거울을 보았다. 고통, 불안, 시련, 실의에 가득한 30대 초반의 한 남자가 갈 곳을 잃은 채 망연자실 우두커니 서 있었다. 찌질한 데다 나쁜 사람임이 분명해 보이는 그 얼굴은 마주치기조차 힘들었다. 복잡다단한 표정과 초점 없는 눈은 하릴없이 허공을 떠돌았다. 거울에 비친 내 모습을 마주하지 못할 정도라니……. 충격이었다. 왜 그렇게 되어버린 걸까? 곰곰이 생각했다.

'환경이 좋지 않은 건 사실이지만 최선을 다해 살았다. 노력은 배신하지 않는다는 생각으로 열심히 살면 나에게도 좋은 날이 오리라는 것도 믿는다. 그런데 얼굴이 이 꼴이라니…… 이런 얼굴로 사람들을 만나고 다녔다니…… 이건 아니다. 뭔가 단단히 잘못되었다.'

다시 거울 속 남자를 뚫어져라 쳐다보았다. 거울은 거짓말을 하지 않는다. 거울에 비친 내 모습은 여전히 내가 원하는 나가 아닌 다른 사람이었다. 계속 이런 모습으로 살아간다면 그 누구도 나를 달갑게 맞아주지 않으리라. 거울을 자주 보기로 결심했다. 그러면서 얼굴을 바꾸기로 다짐했다. 지금은 눈길조차 마주치고 싶지 않지만, 내가 보고 싶은 표정을 지으면서 자꾸 보다 보면 점점 나아지지 않을까? 그냥 가만히 응시하기도 하고, 혼잣말로 중얼거리면서 쳐다보기도 하고, 웃고 울면서 거울 속 나와 끊임없이 마주했다. 마흔에는 자신의 얼굴에 책임을 져야 한다는 말을 곱씹으면서…….

그렇게 '미러 체크'를 하면서 몇 년을 살았다. 이제는 거울 속 내가 나로 보인다. 이질감은 없어진 지 오래고, 표정이 환해졌으며, 안색도 인상도 좋아졌다. 내 입으로 말하긴 그렇지만, 그때보다 훨씬 더 잘생겨 보인다. 그래서인지 지금은 누가 보면 연예인 병에라도 걸렸나 싶을 만큼 자동적으로 하루에 수십 번은 보는 것 같다. 거울을 보고 혼자 중얼거리는 게 습관이 되어버렸다. 거짓말하지 않는 거울과 마주하는 시간이 즐겁다. 거울을 보며 이루고자 다짐하던 것들이 대부분 현실이 되었으니 어찌 안 보겠는가.

아무리 거울을 보고 또 보아도 끝까지 마음에 들지 않는다면? 뭐 성형도 하나의 방법일 수는 있다. 의학 기술도 현저히 발전해 성형한 표시도 잘 안 날뿐더러 성형에 대한 인식이 예전보다는 훨씬 나아진 것 또한 사실이다. 소소한 수정으로 거울 속 내 얼굴이 보기 좋아진다면, 그래서 거울을 마주하는 게 재미있어지고 일과 삶에 자신감을 불어넣을 수 있다면 그것도 괜찮지 않을까 싶다. 요즘 같은 시대에 시술, 수술, 다이어트 등으로 외적인 모습을 보완하는 행위는 어찌 보면 당연한 **일일**지도 모른다.

그런데 말이다. 한층 발달한 의학의 힘을 빌려 신체의 일부를 보기 좋게 바꿀 수 있을지는 몰라도 풍기는 에너지나 인상까지 수정하기는 힘들다. 그래서 나는 '거울을 보는 게 최고의 성형'이라고 믿는다. 처음에는 녹음된 자신의 목소리를 들을 때처럼 '정말 나인가' 싶기도 할 것이다. 그래도 진심으로 바꾸고 싶다면 지속적으로 '미러 체크'를 하자. 먼저 지금의 모습 그대로의 얼굴을 직시한 후, 내가 원하는 얼굴을 거울 속에 비치게 해보자. 물론, 지금의 얼굴에 만족한다면 계속 예뻐하면 된다. 얼굴에는 마음이 드러나기 마련이다.

나는 신입사원 교육을 할 때면 무조건 거울을 마주 보고 스스로 잘한다고 생각될 때까지 진짜 고객과 상담하는 것처럼 연습하라고 권유한다. 그러다 보면 자신의 말투, 습관, 언어, 표정 등에서 미처 알지 못했던, 보완하거나 고쳐야 할 사항들이 무수히 쏟아져 나온다. 그것부터 하나씩 수정하는 게 신입사원들이 가장 먼저 해야 하는 일이다. 기본이기 때문이다. 그 다음으로 가장 빠르게 실력을 향상시키는 방법은 반복된 연습뿐이다.

세일즈맨이 아니라도 우리는 무수히 많은 사람과 만나 관계를 맺으며 살아간다. 나라를 잃고 수양산으로 들어간 백이(伯夷)와 숙제(叔齊)처럼 숨어 살 수 있다면 모르겠으나 그런 세상이 아니다. 굳이, 억지로 좋은 모습을 보이려고 노력할 필요는 없다. 하지만 한 사회의 구성원으로서 자주 또는 처음 만나야만 하는 사람들에게 밝고 좋은 모습을 보일지, 불편하고 어색한 모습을 보일지 또한 그대의 선택에 달렸다.

삶은 보완의 연속이다. 거울에 비친 내 모습이 마음에 안 든다면, 그 거울을 보면서 원하는 얼굴을 만들어가 보자. 어느 순간, 요즘 얼굴에서 광이 난다는 소리를 자주 듣는 나처럼 얼굴에서 점차 빛이 날 것이다. 물론, 내가 듣는 말은 주기적으로 하는 피부관리 때문이 아니라 좋은 얼굴을 갖고자 하는 마음을 담아 거울을 마주하는 습관 덕분임을 확신한다.

그렇다고 내가 무슨 거울 성애자나 거울 예찬론자는 아니다. 직접 경험하고 효과를 본 방법이라서 추천할 뿐이다. 거울 속에 비친 내 모습을 습관적으로 마주하며 긍정 마인드를 다짐한다고 해서 손해 볼 일이 생기는 건 아니지 않은가! 그대들의 인상이, 얼굴이 더욱 빛나고 아름다워지길 소망한다.

'졸린 눈'에서 '초롱초롱한 눈'으로

"졸려?"

"눈이 풀렸네."

"피곤해?"

30년을 살 때까지 귀가 닳도록 듣던 소리다. 나는 그냥 그 자리에 가만히 있는데도 그랬다. 너무 자주 들어 스트레스를 받을 때는 주변 사람들에게 짜증도 냈다. 무료하고 무기력하게 살면서 내 눈빛이 어떻든 별 관심이 없었다. '나는 아무 문제 없는데 대체 다들 왜 저런 말을 해. 하루하루 사는 것만도 피곤한데 무슨 눈빛 타령이야. 불쾌하게……'라고 생각했다. 그런데 지금은 "눈빛이 엄청 강렬하세요", "눈에 총기가 있네요", "눈빛이 살아 있어요"라는 소리를 자주 듣는다. 처음 보는 사람들은 특히 더하다. 어떻게 이렇게 변한 걸까?

간절함이 담긴 지금의 내 삶에 충실한 나는 세상을 바라보는 시선이 바뀌었다. 예전처럼 흐리멍덩한 눈으로 보지 않는다. 현실은 어두운 눈으로 바라보면 어둡게 보이고, 초롱초롱한 눈으로 바라보면 아름답게 보이기 마련이다. 어떤 시선으로 바라볼지는 오로지 나에게 달려 있다. 무기력과 무료를 떨쳐내고 초롱초롱한 시선으로 세상을 바라보니 내 삶 곳곳에 흩뿌려졌던 희뿌연 안개가 서서히 걷히면서 화사한 햇빛이 그 자리를 치고 들어왔다.

앞서도 말했듯 예전에는 사진 찍는 걸 싫어했다. 이유는 뻔하다. 사진 속의 내 모습, 우울하고 어두운 표정, 갈 곳을 잃고 헤매는 흐리멍덩한 시선을 마주하기 싫어서였다. 게다가 기술이 없어 찍기만 하면 이상하게 나오기 일쑤였다. 그런데 지금은 그냥 별다른 어플도 활용하지 않고 기본 카메라로 찍는다. 잘생긴 얼굴은 아니나 언젠가는 그저 웃고 즐기는 자연스러운 내 모습, 살아 있는 내 눈빛을 슬그머니 미소 지으며 볼 수 있지 않을까 싶어 인스타그램 스토리나 피드로 올려 간직한다. 추억의 한 장면이 되리라 생각하면서…….

여담이지만, 사진 촬영은 예술이자 기술이다. 사진 잘 찍는 법에 대한 강좌도 자주 열리고 책도 많이 나와 있다. SNS가 일상이자 필수인 시대라 그런지 사진이 무척 중요해진 것 또한 부정할 수 없는 현실이다. 또 어려서부터 스마트폰으로 사진을 찍던 요즘 20대, 30대 친구들은 놀라울 정도로 사진을 잘 찍는다. 그들은 아마 더욱 행복한 추억을 간직하지 않을까 싶다. 만약, 아무리 사진을 많이 찍어봐도 실력이 늘지 않는다면 박찬준 작가의 《인스타그램 사진 잘 찍는 법》이라는 책을 추천한다. 스마트폰 하나만으로도 그대들의 사진 실력을 뽐낼 수 있을 테니! 그 사진들은 그대들의 역사가 될 테니!

그대들 인생은 남이 써주지 않는다. 오직 그대들이 쓰고 기록해야 한다. 사진, 영상, 글 등 어떤 방법으로든 그 아름다운 역사 속 한 페이지를 지속적으로 장식해보자. "나는 사진 찍는 거 싫어해"라거나 "나는 사진발이 안 받아", "나는 글을 못 써"라고 말하는 사람들이 많다. 과거의 나처럼 부정적인 시선으로 보고 생각하니 뇌가 그렇게 착각할 수밖에 없다. 그냥 묵묵히 찍고 써보자. 한 번뿐인 인생, 기록으로 남겨두면 나중에는 흐뭇하고 소중한 마음으로, 때로는 위로받고 감동하며 꺼내 볼 수 있지 않겠는가.

각설하고, 뉴스를 보면 언제 어떻게 뒤통수를 맞거나 칼에 찔려 죽는다고 해도 이상하지 않은 세상이다. '신림동 흉기 난동 사건', '부산 돌려차기 사건' 등 '묻지 마' 범죄들을 비롯해 별의별 안 좋은 일들로만 가득해 보인다. 우리나라를 넘어

전 세계 곳곳이 마음 편히 나다니기 어려운 지뢰밭 같다. 마치 혼란스러운 내 모습을 보고 싶지 않아 사진 찍기를 싫어했던 그때의 내 마음속 세상과 똑같은 현실임을 알려주려는 듯, 우리의 시선을 자꾸 그곳으로 향하게 만든다.

그런데 말이다. 더 자극적인 뉴스로, 기사로 이목을 끌어야 하는 게, 가장 처참한 사건 사고나 선정적인 제목과 내용으로 그들만의 정글에서 서로 경쟁하는 게 지금의 언론임을 잊지 말아야 한다. 그래서 그들은 아름답고 훈훈한 뉴스나 기사에는 관심 없이 온갖 범죄와 사고들로 지면을 도배한다. 따뜻하고 좋은 일들이 훨씬 많이 일어날 텐데 그런 내용의 기사는 한 줄 찾아보기 어렵다. 이러니 사건 사고 뉴스를 보지 말라고 감히 말하고 싶을 지경이다.

한때 나는 종이신문을 구독해 매일 아침 꼼꼼히 읽었다. 인터넷으로 뉴스를 보다 보면 댓글들에 자꾸 눈길이 가고, 마음이 흔들리는 바람에 댓글 없는 종이 신문을 읽고 오로지 내 주관대로 해석하고 싶었다. 그런데 지금은 신문은커녕 뉴스조차 보지 않는다. 그 시간에 책을 읽는다. 뉴스를 보지 말라는 말도, 책만 보란 말도 아니다. 뉴스와 기사를 볼 때는 그들의 의도에 매몰되거나 현혹되지 말고 정확히 읽어내는 분별력을 갖춰야 한다는 이야기다.

지금 그대의 시선은 어디에 머물러 있는가? 혹 뉴스가 쏟아내는 어둡고 컴컴한 세상에 멈춰 서 있지는 않은가? 그렇다면 범죄는 나날이 잔혹해지고 희한한 사건도 수없이 일어나지만 반대로 선하고 따뜻한 일들도 많이 일어난다는 사실을 상기시켜야 한다. 자극적인 뉴스에 현혹되어 세상이 나쁘게만 변해 간다고 생각하는 순간 행복은 달아나고 눈빛이 흔들린다. 아무리 혼탁한 세상이라도 그 안에서 밝게 빛나는 뭔가가 있다는 사실을 잊지 말고 어둠 속에서도 그 빛을 바라보며 따라잡아야 한다. 그러기에도 인생은 짧다.

  내가 선택한 불행했던 과거에는 부정적이고 자극적인 뉴스나 기사를 보면 "것 봐. 역시 인생은 불행한 거야"라며 그저 그런 공감과 자기 위안에 빠지기 일쑤였다. 너나없이 다 같이 힘들다는 걸 확인이라도 하려는 듯 무의식적으로 자꾸 그런 기사에 눈길을 멈춰 세웠다. 하지만 그럴수록 마음은 더 불안해졌고 고통스러웠다. 그만 삶을 포기하고 싶다는 생각이 나라는 존재를 조금씩 갉아먹었다. 물론, 범죄에 연루되거나 위험에 빠지지 않으려면 범죄에 관한 내용도 알고 있어야 한다. 다만, '삶은 불행하다'든가 '고통스러운 것'이라는 어두운 감정에 매몰되지 말자는 뜻이다. 내 감정은 소중하다. 매일 아침부터 위험한 뉴스와 기사를 보며 공포와 두려움으로 하루를 시작하기에는 삶이 너무 아깝지 않은가!

지금 나는 사건 사고 뉴스를 멀리한다. 사회적인 이슈나 경제 관련 뉴스 등만 빠르게 읽거나 보고 머릿속에 저장한다. 충격적인 사고나 범죄는 어차피 지인들과 함께 밥을 먹다가, 커피를 마시다가 알게 될 테니 굳이 찾아보지 않아도 상관없다. 그럴 시간에 책을 읽는다. 뉴스는 현재를 보여주지만, 책은 과거와 현재, 미래를 모두 보여준다. 그래서 나는 온갖 미디어에서 떠들어대는 뉴스보다 책 읽기를 더 좋아한다.

세상을 바라보는 시선이 바뀌면 눈빛도 삶의 질도 달라진다. 삶도 인생도 다르게 보이니 나의 태도, 습관, 환경 등이 모두 변한다. 사람은 쉽게 안 변한다. 하지만 변하고자 하는 마음과 믿음만 있다면 반드시 변할 수 있다. 불행했던 과거의 내 삶과 행복한 현재의 내 삶이 그것을 반증한다.

세상은 내가 보는 대로 보인다. 삶을 바꾸고 싶은가? 초롱초롱한 눈빛으로 살고 싶은가? 그렇다면 당장 그대의 시선을 바꾸고 움직여라. 기필코, 반드시 그대들의 생각대로 변한다.

세상을 바라보는 시선이 바뀌면 눈빛도
삶의 질도 달라진다. 삶도 인생도 다르게 보이니
나의 태도, 습관, 환경 등이 모두 변한다.

'사진 기피자'에서
'기록광'으로

　45층에서 일어난다. 묘한 감정이 뇌리를 스치고 지나간다. 잠이 덜 깬 듯한 몽롱한 상태로 창 너머를 바라본다. 아직 이른 새벽이라 사방이 캄캄하다. 정신을 차리고 오늘도 행복한 하루를 보내자며, 감사하고 살자며 마음을 다잡는다. 물을 한잔 마시고 창문을 연 다음 원하는 삶을 사는 나를 상상하며 심상화를 진행한다. 그리고 미리 만들어놓은 명언이 담긴 이미지를 단톡방과 인스타그램에 올린다. 이후 거울을 보고 성공을 다짐하는 확언을 외친 후 30분에서 한 시간 정도 독서를 시작한다. 매일 아침 나의 루틴이다.
　다시 창 쪽으로 시선을 옮긴다. 아침이 밝아 오고 있다. 햇빛의 크기에 따라 시시각각 변하는 창밖 풍경을 바라보는 재미가 이렇듯 쏠쏠하다니! 분명, 아무리 길어도 몇 달 지나면 질릴 줄 알았다. 하지만 질리기는커녕 오히려 밖을 내다보는 시간이 점점 더 늘어만 간다. 자연은 위대하다. 그 위대함을 체감하면서 눈앞에 드러나는 장면을 하나라도 놓칠세라 스마트폰 카메라를 켜 사진을 찍는다. 그리고 또 나를 팔로워하는 단톡방에 올린다. 가끔은 밤에 펼쳐지는, 보는 사람을 밖으로 끌어내려는 듯 매혹적으로 살아 숨 쉬는 야경을 올리기도 한다. 가로막는 것 하나 없는, 마치 세상을 한눈에 다 보는 것 같은 광활한 창밖 풍경은 언제나 혼자 보기 아깝다. 매일 같은 시간, 같은 곳을 보는데도 매일 다르게 보인다. 그래서 함께 공유하는 방법으로 유쾌하게 하루를 시작한다.

그대들의 하루는 어떤가? 매일이 똑같은가?

일기를 왜 못 쓰는지 아는가? 오늘이 어제와 다르지 않고, 내일이 오늘과 다르지 않다고 생각하기 때문이다. 하지만 매일 같은 일을 할지라도 우리의 외모, 느끼는 감정, 짓는 표정은 매일 다르다. 사진을 찍어보면 안다. 이미 말했지만, 예전의 나는 사진 찍기를 싫어했다. 내 모습을 보고 싶지 않아 그랬는데, 후회한다. 부족한 나도, 잘난 나도 나인데……. 이제는 사진을 많이 찍는다. 최근에는 넘쳐나는 사진 때문에 저장용량이 부족해 핸드폰을 교체했다.

사진만 올리는 건 아니다. 사진과 함께 10~20줄 정도의 짤막한 글도 써서 함께 업로드한다. 아침에 불현듯 떠오르는 생각을 끄적여 올리는데, 솔직히 어떤 때는 너무 잘 썼다고 느껴질 만큼 글발이 예술적 경지에 이를 때도 있다. (내 생각일 뿐이니 노여워 마시라.) 아무튼, 이렇듯 별생각 없이 시작한 행동이 어느새 습관으로 자리잡았는데, 이 또한 내 인생의 한 페이지에 기록될 것이다. 좋다고 생각되면 끊임없이 찍고, 떠오르는 생각들을 짧게나마 글로 남긴 게 이렇게 책을 내는 결과로 이어졌으니 말이다.

이후 사무실까지는 걸어서 10분 정도 걸린다. 사무실에 도착하면 1분에서 1분 30초 남짓 그 길에 떠오른 이런저런 생각을 말하는 영상을 찍고, 여기에 자막을 입혀 인스타그램 릴스로 올리곤 한다. 꾸준한 계획 없이 그냥 시작했던 일인데, 많은 분이 보고 좋아하고 호응해 주는 바람에 재미를 들여 매일 아침 습관이 되었다. 어려울 것 하나 없다. 그저 그간의 독서와 경험에 바탕해 우주가 내게 주는 영감이라 생각하고 찍어 올릴 뿐이다. 보는 분들 모두에게 도움이 되진 않겠지만, 좋은 영향을 받아 선순환시키는 분들이 있다고 생각하니 가끔은 사명감이 불뚝 솟기도 한다.

이 같은 찰나의 시간은 나에게만 있는 게 아니다 그대들에게도 있다. 그것들을 그냥 지나치지 말고 앨범에 추억 담긴 사진을 빼곡히 끼워넣듯 사진, 글, 영상으로 핸드폰에, 클라우드에 차곡차곡 모아놓자. 그대들의 유일무이한 기록이 된다. 그리고 그 기록에 스토리를 첨가해 애용하는 채널에 발행하기를 추천한다. 유튜브든 블로그든, 인스타그램이든 페이스북이든 어디든 좋다. 책이 될 수도 있으며, 그 발행물이 생각지도 못한 수익을 창출시킬 수도 있다. 아니, 그렇게까지는 안 되더라도 행복한 기억이자 되돌아보고 싶은 추억으로 남는 데는 충분할 테니 나쁠 건 1도 없다.

    누구나 책 한 권만큼의 사연은 간직하고 있다고 하지 않는가. 그것에 본인만의 노하우를 담아 내가 하고 싶고 상대방이 듣고 싶어 하는 형태와 언어로 스토리를 구성해 올리자. 그 콘텐츠가 언제 어디에서 어떻게 터질지 모르며, 그대들의 생각 이상으로 큰 잠재력과 영향력을 발휘할 수도 있다. 잠들어 있는 각자의 거인을 깨우길 바란다. 깨어난 내면이 세상을 밝히는 큰 빛이 될지 누가 아는가!

    아주 오래 전 한 신문에서 어떤 때 아이디어가 떠오르는지 조사한 적이 있다. 첫 번째가 화장실에 앉아 있을 때, 두 번째가 목욕이나 샤워할 때, 세 번째가 출퇴근 시간 중에, 네 번째가 잠들기 전이나 잠에서 막 깨어났을 때, 다섯 번째가 지루한 회의 시간에, 여섯 번째가 독서 중에, 일곱 번째가 조깅 같은 가벼운 운동을 하고 있을 때, 여덟 번째가 한밤중 잠에서 깨어났을 때 등으로 나타났다.

그중 나는 샤워 중에 번뜩이는 영감을 자주 느낀다. 그래서 샤워할 때도 항상 핸드폰을 옆에 두고 어떤 생각이 떠오르면 즉시 메모장을 열어 적는데, 그것들은 파괴력 있는 아이디어로 발전하기도 하고, 사업 구상의 밑거름이 되기도 한다. 또 위 조사에는 없긴 하지만, 특히 술을 마실 때면 기발하기도 하고, 괴짜나 생각해냈을 법한 아이디어가 무지막지하게 떠오르는데, 이때도 잽싸게 핸드폰을 집어든다. 물론, 그렇다고 일부러 술을 마시지는 않는다.

어찌 되었든 아이디어가 떠오르는 순간은 위의 순서대로가 아니라 각자의 상황에 따라 다 다를 것이다. 나는 샤워와 음주 중이지만 어떤 이는 조사에서 확인된 것처럼 화장실에 앉아 있을 때 철철 솟아날 수도 있다. 중요한 건 장소와 행위가 아니다. 떠오르는 아이디어의 기록이다. 인간은 망각의 동물이기에 '이게 어떻게 기억이 안 날 수 있겠어'라는 생각이 드는 아이디어조차 금방 휘발돼 버린다. 그러니 때로는 기발하고, 때로는 천재적이고, 때로는 괴짜 같기도 한 그대들의 영감을 놓치지 말고 장차 위대해질 기록으로 남겨 각자가 선호하는 매체에 발행하길 바란다.

내 생각이지만, 평범한 일들은 기억으로, 거기에 소중한 감정이 첨부되면 추억으로 남는 것 같다. 기억이든 추억이든 무슨 문제랴. 그대들 인생이 아름다운 기억과 추억들로만 기록되었으면 좋겠다. 오늘은 다시 돌아오지 않으니!

'골골 체질'에서
'몸짱'으로

　선천적으로 허약한 체질인 나는 감기를 밥 먹듯 달고 살았을 뿐만 아니라 하루 종일 졸음을 떨쳐내지 못하고 피곤에 절어 살았다. 조금 과장하면, 눈꺼풀이 짓누르는 공기를 감당 못 해 스르르 감긴다고나 할까. 사고를 당하거나 해서 그렇게 된 게 아니다. 기억하는 한 어릴 때부터 그냥 자주 아팠다. 비실비실한 데다 부모님 이혼 후에 여기저기 떠돌이 생활을 하며 음식을 제대로 챙겨 먹지 못했으니 영양이 부족할 수밖에! 그래서 키도 크지 않은 거라는 강한 의심을 해본다.
　그때 나의 가장 친한 친구는 '사리돈'이었다. 지금은 다양한 진통제에 의해 명성이 많이 퇴화했으나 그 옛날엔 '두통, 치통' 하면 무조건 사리돈일 만큼 진통제의 대명사였다. 만성 두통이란 놈이 거의 매일 내 머리를 쑤시고 찔러대는 통에 아무리 참고 참아도 일주일에 적어도 두세 번씩은 먹어야 했으니 친구도 보통 친구 사이가 아니었다. 희한한 건, 사리돈 이후 한때 돌아가며 업계를 평정했던 펜×, 게×린, 타이×놀 같은 친구들은 내 두통을 가라앉히지 못했다는 사실이다. 구하기 힘든 귀한 사리돈만이 유일하게 머릿속을 찔러대는 통증에서 벗어나게 해주었다. 이 자리를 빌려 친구 사리돈에게 감사를 전한다.

그랬던 두통이 없어진 지 몇 년 되었다. 술을 마시고 나면 바늘에 실 가듯 꼭 따라오던 두통과 숙취가 사라졌고 과음해도 증상이 나타나지 않는다. '아마 그때 평생 받을 고통을 미리 다 받았기 때문일 거야'라는 말도 안 되는 생각이 들 만큼 오랫동안 나를 괴롭혔던 두통이 감쪽같이 자취를 감췄다.

지금은 아픈 곳이 없을 뿐만 아니라 달고 살았던 감기에도 거의 걸리지 않는다. 전 세계를 공포의 도가니로 몰아넣었던 코로나도 내 몸속으로는 감히 들어오지 못했다. 끼니도 라면으로 때우기 일쑤인데 뭐가 달라진 걸까?

예전보다 영양제를 조금 더 잘 챙겨 먹는 것 말고는 크게 바뀐 게 없다. 바뀐 게 있다면 마음뿐이다. 모든 건 마음에서 비롯된다. 스스로 건강하다고 생각하고 아프지 않다는 상상을 계속해오면서 정신이 육체를 그렇게 만들지 않았나 싶다. '내

속에 있는 걸 밖에서 본다'는 뜻의 '내심외경(內心外境)이라는 말처럼 열망하는 걸 보게 된 듯하다. 이처럼 타고난 신체가 허약해도 얼마든지 건강하게 살 수 있다. 내 몸이 증거다. 우리 회사 식구들은 내가 몸이 아파 결근한다거나, 늦잠을 자다가 지각한다거나 하는 상황을 상상조차 하지 않는다. 그런 적도 없을 뿐만 아니라 그런 일은 앞으로도 존재하지 않을 거라는 믿음이 그들 마음속에 뿌리 깊게 자리잡고 있기 때문이다.

스스로 건강하다고 믿고 그 마음을 유지하며 건강한 몸을 상상하니 건강한 육체로 살아간다. 세상 모든 병이 통증으로 이어지므로 사리돈 입장에서 생각할 때 나 하나쯤은 먹지 않아도 별 타격은 없으리라. 물론, 이 책을 본 독자들이 내 말을 듣고 실천해 앞으로 진통제 소비가 줄어든다면 제약회사에서는 나를 싫어할 수도 있겠다. 뭐 그래도 어쩔 수 없다. 좋은 건 나눠야 한다는 게 내 신념이니까!

어느덧 40대의 문턱을 넘어섰다. 기력이 달리거나 조금씩 건강을 챙겨야 할 나이라고들 한다. 그런데 나는 오히려 20대 때보다 더 힘이 넘친다. 언제까지나 흐르는 세월을 거스를 순 없겠지만, 아직은 마음가짐만으로도 계속 건강을 유지하며 산다는 건 팩트다.

사실, 몇 달 전부터 헬스를 시작했다. 장소는 살고 있는 단지 커뮤니티 센터 헬스장. 살이 잘 안 찌는 체질인 데다 많이 먹는 스타일이 아니다 보니 자꾸 살이 빠지는 것 같아 어느 날 몸무게를 재보았다. 58Kg였다. 그렇게 충격을 받고 시작한 운동이었다. 따로 식단을 하지도 않고 식사량을 조금 늘리면서 3개월 정도 매일 운동을 했더니 몸무게가 66Kg으로 늘었다. 근육량이 많이 증가한 탓이다. 놀라웠다. 헬스라고는 어디서 배워본 적도 없이 유튜브 몇 개 보고 한 게 다인데…….

다치면 안 되니 스트레칭을 충분히 하고, 호흡에 신경을 쓰면서 팔운동을 하는 날이면 그 팔운동에 온전히 집중하는 방식으로 덤벨 등 기구의 중량을 조금씩 늘려갔다. 그랬더니 점점 근육이 붙으면서 어깨가 넓어졌고, 헬린이임에도 가슴이 웅장해지는 느낌이었다. 그간 약간 굽은 어깨로 살다가 자연스럽게 어깨를 펴고 다니니 키도 커지고 자신감과 자존감이 상승했다. 몸의 자세가 좋아지는 것과 동시에 삶의 자세도 더 적극적이 되었다.

앞서 말한 것처럼 모든 게 마음에서 비롯된다고, 마음이 바뀌어야 몸이 변한다고 생각했는데, 반대로 몸이 변하니 마음이 전보다 더 진취적이 되었다. 몸에 자신감이 붙으니 정신과 사고가 열정, 긍정, 적극, 도전 이런 쪽으로 한 뼘 더 옮겨갔다. 인생은 깨달음의 연속! 몸과 마음은 결국 무엇이 먼저가 아님을, 떼려야 뗄 수 없는 관계임을 몸으로 체험했다. 깨달음을 얻었으니 앞으로 몸 관리는 당연히 나의 루틴 중 하나가 될 것이다. 명상으로 정신을 수양하고, 운동으로 신체를 단련하는 일도 위대한 알고리즘의 작용이지 싶다.

역시 고도의 집중과 몰입 상태에서는 무엇이든 가능하다는 사실을 헬스를 하면서 체감했다. 그런 면에서 마인드 코칭 전문가인 박세니 선생님이 늘 강조하는 고도의 집중과 몰입은 뭔가를 하는 데 있어 진리라는 생각이 든다. 궁금하다면 유튜브를 찾아보거나 《어웨이크》, 《멘탈을 바꿔야 인생이 바뀐다》 같은 책들을 읽어보길 바란다. 그는 "가난은 정신병이다"라고 말해 화제의 중심에 오르면서 온갖 질타를 받은 적이 있는데, 정확히는 "가난은 치료할 수 있는 정신병이다"였다. 사람들은 듣고 싶은 이야기만 들으려 한다. "치료할 수 있다"라는 말에 초점을 맞추기보다 "정신병"이라는 단어에만 포커스를 집중해 논란을 확산시킨다.

집중할 곳에 집중하면 반드시 결과를 보여준다. 운동뿐만 아니라 인생도 마찬가지다. 나 같은 헬린이도 운동에 집중하면 몸짱이 되듯, 인생도 집중의 정도에 따라 어떻게 펼쳐지는지가 결정된다. '나는 지금 어디에 집중하고 있는가?' 자주 되묻자. 쓸데없는 것에 집중한다면 인생은 악몽이 되고, 원하는 삶을 살기 위해 집중하면 인생은 예술이 될 것이다. 악몽 속에서 살아갈지 아티스트로 살아갈지는 온전히 그대들의 선택에 달렸다. 잡동사니 대신 본질에 집중하길 바란다.

사람들은 위대한 인물이 되길 바라면서 행동은 평범하게 하면서 산다. 불공평하면서도 공평한 게 인생이다. 지금 그대들의 생각과 행동이 그대로 미래로 나타난다는 건 지극히 공평한 일이다. 두려움으로 가득 찬 삶이 아닌 설렘과 기대로 가득 찬 인생, 더 풍요로운 삶을 누려야 하지 않을까?

100년을 산다고 가정하면 인생이 참 길게 느껴지다가도 자기 나이를 세어보면 시간이 엄청 빠르게 지나가는 것 같지 않은가? 정말 찰나처럼 느껴질 때도 있다. 그러니 과거도 미래도 아닌 현재에 더 집중해야 한다. 현재라는 라이브 방송 시간을 어떻게 보내느냐에 따라서 그대들의 미래가 확연히 달라질 테니 말이다. 인생은 예술이다. 그러므로 인생은 각자의 소중한 창작품이다. 빛처럼 찬란해질 그대들의 미래를 응원한다.

집중할 곳에 집중하면
반드시 결과를 보여준다.
운동뿐만 아니라 인생도 마찬가지다.

'잠만보'에서 '4시간 수면'으로

나는 보통 매일 새벽 3, 4시면 일어난다. 주말에도 마찬가지다. 가끔 늦잠을 잘 때도 있는데, 그래도 5시 정도면 일어난다. 알람을 맞추지 않은 지도 오래다. 술을 좋아하고 사람도 좋아해서 거의 매일 술자리에 참석하지만, 밤을 패며 새벽까지 마시는 일은 거의 없다. 대개는 12시 전후로 잠자리에 든다. 이런 생활이 벌써 몇 년째다. 못 믿겠다고? 내 인스타그램 스토리에는 마치 현실처럼 꾸며진 스튜디오 안에 살고 있는 한 남자의 삶을 전 세계 사람들이 모두 보는 영화 〈트루먼 쇼〉처럼 매일의 일상이 계속 올라가므로 증인들은 널렸다. 왜 그렇게 하는지는 나도 아직 잘 모르겠지만 지금은 그냥 이렇게 사는 게 즐겁다.

사실, 달라지고 싶어 5년 전쯤 미라클 모닝 단톡방에 들어간 적이 있다. 04:45분에 기상해서 인증사진을 올린 후 다시 잠들지 않았다는 걸 증명하기 위해 중간중간 인증샷을 계속 찍어 올려야 했는데 처음에는 죽기보다 힘들었다. 다시 잠들기 일쑤인 데다 하루 종일 졸다 깨다를 반복했다.

창피한 이야기지만, 고등학교 때는 늦잠을 자다가 학교를 안 가는 일도 잦았고, 학교에 가서도 잠만 자다 올 정도로 원래 잠이 엄청나게 많은 인간이 나였다. 20대가 되어 사회생활을 하면서도 그랬다. 알람을 못 듣고 계속 자지나 않을까 싶어 알람을 여러 번 맞춰두기도 했는데, 그런데도 늦잠으로 지각할 때가 있었다. 그때 많이 자둬서 그런지 지금은 수면시간이 3~4시간밖에 안 돼도 누구보다 온종일 활력이 넘친다.

미라클 모닝 열풍이 일고 나서 인스타그램이 한동안 미라클 모닝 인증샷으로 도배되는 모습을 보았다. 하지만 미라클 모닝을 한다고 인생이 미라클하게 바뀌지는 않는다는 걸 깨달았기 때문인지 1년 뒤까지 남아 있는 사람은 거의 없었다. 뭐, 다 알겠지만 우리네 인생은 깨어서 존재하는 시간에 무엇을 생각하고, 무엇을 하는지에 따라 변하는 것이지 기상 시간을 앞당기는 것만으로는 절대 바뀌지 않는다. 그것만으로 바뀐다면 이미 우리의 주 업무시간이 새벽이 되지 않았을까?

시작할 때와는 달리 나는 미라클 모닝에 점차 적응하면서 나만의 이런저런 루틴을 만들어나갔다. 확언, 심상화, 독서, 명상, 운동, 거울 보기 등은 그렇게 몇 년 동안을 반복하면서 추가하고 수정한, 삶의 자양분으로 삼기 위해 부단히 노력해 만든 습관이다. 그리고 야행성 인간이었던 나는 마침내 새벽형 인간으로 바뀌었다. 솔직히 말하면, 아직도 가끔은 늦은밤의 여유를 즐기고 싶을 때가 있지만, 그 유혹을 이겨낼 만큼 잠에서 깬 새벽이 너무나 좋고 친숙해졌다.

모두가 잠들어 있는 시간, 나와 마주하는 그때가 하루 24시간 중 가장 값비싼 시간이다. 유레카! 남들이 자는 시간에 일어나서 이것저것 하다 보면 잘하고 있다는 일종의 우월감도 들면서 가슴이 뿌듯해진다. 그리고 실제로 그 시간에 내가 마주한 생각들이 지금의 나를 만드는 데 큰 밑거름이 되었다. 앞으로도 그럴 것이다.

새벽 에너지는 5시 전후로 일어나던 내 기상 시간을 3, 4시로 당겨주었다. 조금 일찍 자는 날은 1, 2시에 일어나기도 하는데, 그런 날은 조금 몽롱하긴 하지만 새벽에 더 많은 일을 할 수 있어 기분이 좋다. 알람을 맞추지 않아도 늦어도 5시에는 일어나니 그때부터 출근할 때까지 적게는 2시간, 많게는 4~5시간 동안 독서, 명상, 글쓰기 등을 하다 보면 사고가 확장되고 뇌가 열리는 느낌을 만끽할 수 있다. 경험해보지 않은 사람은 알 수 없는 그 기분! 처음 1년은 오로지 독기로 일하듯 실천했으나 지금은 아주 편안하게 즐기면서 온전히 그 시간과 마주하니 그때가 기다려질 정도다.

30대 중반부터 본격적으로 내 인생을 다시 시작한다고 생각했다. 인생의 지각생이라는 마음으로 일찍 일어나기를 선택했다. 뒤처진 삶을 역전시킬 방법은 더 많은 시간을 일에 할애하는 것뿐이었다. 지금은 퇴근 후 술자리도 종종 가지곤 하지만, 이전 몇 년 동안은 야근이 필수였다. 술자리는커녕 밤 12시 다 돼서까지 일하다가 집에 들어가 시체처럼 쓰러져 자는 게 일상이었다. 깨어 있는 시간에 남들보다 몇 배로 더 집중하고 노력하지 않으면 앞선 이들을 따라갈 수 없었기 때문이다. 나는 타고난 천재가 아니니까! 그렇게 내 노력의 산물들이 조금씩 결과로 이어지고, 점점 발전해가는 나 자신을 보면서 자연스럽세 더 박차를 가하게 되었다.

그대들은 혹시 '시간이 없다, 피곤하다, 할 일이 없다, 회사가 마음에 안 든다, 사는 게 재미가 없다, 내 인생은 왜 이럴까' 등등 남들이 다 하는 판에 박힌 말들을 하면서 살고 있지 않은가? 싹 다 뜯어고치지 않으면 계속 그렇게 살게 될 것이다. 저주를 퍼붓는 게 아니라 그간 많은 사람을 보면서 알게 된 사실이다.

위대하게 살고 싶으면서 평범하게 살고 있는 자신을 되돌아보자. 환경을 바꾸려 힘쓰지 말고 먼저 자신을 바꾸자. 자신을 바꾸고 나면 자연스럽게 환경도 바뀐다. 이제껏 살아왔던 삶이 마음에 들지 않는다면 먼저 나를 어떻게 바꿀지에 초점을 맞추고 모두 다 바꾸자. 삼성의 고 이건희 회장조차도 초일류 기업으로 거듭나기 위해 "마누라, 자식 빼고 다 바꿔봐"라며 근본적인 변화와 혁신을 주문하지 않았는가. 인생도 마찬가지다. 변화하지 않으면 절대 바뀔 수 없고, 성공할 수 없다.

　잠이든 사생활이든 무엇 하나 포기하지 않고서는, '대가'를 치르지 않고서는 아무것도 얻지 못한다. 그대들은 변화를 위해 지금 당장 무엇을 '대가'로 지불할 수 있는가? 나는 제일 먼저 잠을 포기했다. 더 소중한 것, 가장 좋아하는 것을 내려놓겠다는 각오에서부터 변화는 시작되고, 그 마음가짐을 행동으로 보여주면 마침내 상상 이상의 결과로 이어진다. 반면, 지금 살던 그대로 살면 그대로 살아가거나 더 불행한 삶을 살게 될 가능성이 크다. 어떻게 변화할지는 그대들의 선택에 달려 있다. 인생은 선불이다. 먼저 '대가'를 지불하라. 자연스럽게 위대한 결과를 마주하게 될 테니!

'공황장애 환자'에서
'마음 돌보미'로

　20대 후반, 집안 빚을 갚기 위해 3년 가까이 밤일을 하던 어느 날이었다. 밤새 일하고 퇴근 후 집에 들어와 잠을 자려는 순간 갑자기 가슴이 쿵쾅쿵쾅 뛰면서 식은땀이 흐르기 시작하더니 곧 죽을 것만 같은 공포가 밀려왔다. 머릿속이 엄청 혼란스럽고 무서웠다. 찬송가를 틀어놓고 기도도 했지만 진정되지 않아 근처 대학병원 응급실을 찾았다. 몇 가지 검사 후 아무 이상 없다는 이야기를 듣고는 걱정이 조금 가라앉았으나 그 증상은 이후로도 거의 매일 나타났다.

　당시는 '공황장애'라는 병명이 지금처럼 예사롭게 이야기되던 때가 아니었다. 수면 위로 드러나지 않은 그때, 그것이 병인 줄도 모른 채 그저 그 고통을 참아내며 살아야 한다고 생각하니 눈앞이 캄캄했다. 마치 시한부 인생이라도 선고받은 듯

죽음을 목전에 둔 느낌이었다.

　밀폐된 공간에서 하는 밤일을 도저히 계속할 수가 없어 그만두고 몇 달을 쉬었다. 증상은 호전되지 않았으나 마냥 쉴 수 있는 형편이 아니었다. 평소 내 능력만큼 인정받을 수 있는 직업인 세일즈맨을 원했던 나는 보험설계사로 새롭게 일을 시작했다. 그런데 이 병이 고약한 게 뭐냐면 예측이 안 되는 상황에서 갑자기 증상이 나타난다는 점이다. 맛있게 밥을 먹고 있다가도 갑자기 가슴이 뛰고 식은땀이 흘러 그 자리를 박차고 나올 수밖에 없는 때가 허다했고, 빨간색 광역 버스를 타면 도중에 내릴 수 없다는 생각이 머릿속을 잠식하는 순간 숨이 막히는 바람에 엄청난 고통을 겪어야 했다. 또 연극을 보러 갔을 때는 중간에 나갈 수 없다는 말을 듣자마자 가슴이 요동쳐 뛰쳐나오기도 했다. 경험상 어느 정도 증상이 나타나리라 예상되는 상황에서는 피해 갈 수 있었지만, 아무렇지도 않다가 갑자기 들이닥칠 때는 차라리 죽는 게 낫겠다 싶을 정도로 힘들었다. 결국, 보험설계사 일도 몇 달 만에 접고, 집에만 처박혀 폐인처럼 지내기 시작했다.

　그렇게 고통 속에서 하루하루를 살아가던 어느 날, 방송인 이경규 씨가 TV에 나와 공황장애를 고백하는데, 나와 증상이 거의 똑같았다. 메말라 쩍쩍 갈라진 황무지에 단비라도 내린 듯 가슴이 촉촉해졌고, 전장에서 목숨을 걸고 함께 싸운 둘도 없는 전우라도 만난 듯 동질감이 느껴졌다. 눈물이 날 정도였다. 그제야 이 증상이 질병임을 알고는 인터넷 서핑을 통해 가장 신뢰감이 드는 한의원을 찾아가 상담하고 치료받기 시작했으며, 공황장애 환우 카페에도 가입해 매일 병에 대해 공부하면서 상태를 조금씩 호전시켰다.

그러나 죽을병이 아닌 단순한 질병이며 나아질 수 있다고 계속 생각하면서도 증상이 나타나는 그 순간만큼은 정말 버티기 힘들었다. 왜 그런 병을 앓게 됐는지 원인도 모르고, 어떤 때 이런 고통이 찾아오는지도 정확히 모르는 채 암흑 같은 나날이 수년째 지속되었다. 솔직히 말하면, 아직도 완치되었다고 말하기는 이르다고 할 만큼 아주 가끔 그때 겪었던 초기 증상과 비슷한 증상이 나타나기도 하지만, 그래도 정말 정말 많이 좋아셨다. 생각해보면, 이 또한 나를 더 단련시기기 위해 ~~우주~~ 가 준 시련 아닌가 싶다. 덕분에 내 정신력이 지속적으로 강해졌으니 말이다.

문제가 생기면 원인을 파악하고 분석한 후 해결해야 한다. 그런데 공황장애는 원인을 알 수가 없다. 가볍게 치부하는 경향이 있어 누구에게 말하기도 쉽지 않다. 최근 드라마 〈정신병동에도 아침이 와요〉를 보면 화장실 전체가 물이 차올라서 배우가 숨을 못 쉬는 장면이 나온다. 정말로 물이 찬 게 아닌 데도 공황장애 환자는 실제로 그렇게 느낀다. 경험해 본 사람이라면 얼마나 무서운 병인지 백배 천배 공감할 테지만, 겪어 보지 않은 사람은 그저 정신이 나약해져 생기는 질병이라고, 정신만 똑바로 차리면 언제든 극복할 수 있다고 여긴다. 미치도록 답답한 데도 오로지 혼자 감당해야만 한다. 왜 그걸 굳이 고백하냐고? 그대들도 혹시나 누구에게 말 못 할 비슷한 아픔을 겪고 있다면 무조건 좋아질 수 있다고 믿고 힘을 잃지 말기를 바라기 때문이다.

공황장애, 우울증, 불안장애 등의 정신질환이 예전보다 몇 배는 늘어났다. 분명, 세상은 모든 면에서 계속 발전 중이고, 살기 편한 시대로 진화해 가고 있는데, 마음이 아픈 사람들은 늘어만 간다. 아이러니하다. 몸이 아픈 것도 큰일이지만, 정신이 아프면 삶이 피폐해진다.

나는 왜 그런 병을 앓았을까? 아마도 빚을 갚으려 정신없이 살다 보니 내면에 상처가 계속 쌓여 결국 그러한 상황을 맞지 않았을까 조심스레 추측할 뿐이다. 정신없이 앞만 보면서 살다 보면 자칫 마음에 생기는 스크래치를 방치하게 된다. 그러니 그대들은 마음의 소리에 항상 귀를 기울이길 바란다. 혹여나 마음속에 피로가 쌓이고 있지는 않은지 명상 등을 통해

한 번씩 점검해보자. 그렇게 마음의 찌꺼기를 수시로 걸러준다면 건강한 정신으로 지치지 않고 목표를 향해 나아갈 수 있을 것이다. 결국, 위대해질 그대들의 인생을 상상하며!

정신없이 앞만 보면서 살다 보면

자칫 마음에 생기는 스크래치를 방치하게 된다.

그러니 그대들은 마음의 소리에 항상 귀를 기울이길 바란다.

'만성피로'에서
'극강의 에너지'로

인간은 다양한 가치를 추구하면서 살아가지만, 그 모든 것에 앞서는 최우선은 건강이다. "돈을 잃으면 조금 잃는 것이고, 명예를 잃으면 많이 잃는 것이지만 건강을 잃으면 전부 잃는 것"이라는 말도 있지 않은가. 한 번 고장 난 몸을 되돌리려면 엄청난 노력이 필요하다. 이왕 사는 것 건강한 몸으로 가뿐하게 살려면 건강할 때 더 챙겨야 한다. 크게 아파보기도 한 데다 주위에서 병치레하는 사람들을 많이 봐 그런지 건강의 중요성은 내 뇌리에 뚜렷이 박제되어 있다.

나는 허약체질임과 동시에 만성피로증후군으로 늘 피곤했고, 무기력한 일상을 살았다. 그런 삶은 고역이다. '어떻게 이 상태를 벗어날 수 있을까?' 고민하며 이런저런 방법을 찾던 중에 '쿠마 Family의 비타민 세상'이라는 블로그가 눈에 들어왔다.

'쿠마'라는 블로그 지기도 어릴 때부터 골골하고 허약했는데, 30대에 접어들며 만성피로에 시달리다가 벗어나고 싶어 동네 아줌마에게 다단계 회사의 비타민을 수십만 원어치나 샀다고 한다. 하지만 아무런 효과를 보지 못했고, 강남 유명 병원의 만성피로클리닉에도 다녀보았으나 역시 돈만 날린 후 독학으로 비타민 공부를 하게 되었고, 비타민을 먹기 시작했다고 한다. 그리고 몇 번의 시행착오 끝에 돈은 덜 들면서도 효과는 더 좋은 비타민 구매 방법들을 터득해 나갔는데, 비타민 복용 후 제집 드나들 듯했던 병원을 끊었다고 한다.

이분들의 재능 기부로 만성피로에서 헤어나와 건강을 되찾았다는 사람들이 꽤 많다. 나도 그중 하나다. 이 블로그를 정독하고 나에게 맞는 영양제를 조합해 복용하면서 정말 많이 건강해졌다. 매일 피곤한 몸으로 생활한다면 나처럼 자신에게 맞는 영양제를 찾아 먹어보길 추천한다. 또 '약사가 들려주는 약 이야기' 유튜브도 참조하면 도움이 될 것이다.

영양제에 대해서는 의견이 분분한 데다 건강식으로 식탁을 채울 수 있는 21세기에 굳이 영양제까지 챙겨 먹어야 하냐고 반문할 수도 있다. 하지만 시대를 불문하고 영양제를 더 잘 챙겨 먹음으로써 건강과 활력을 유지할 수만 있다면 무조건 먹어야 한다는 게 만성피로 경험자로서의 내 지론이다. 이왕 사는 것, 존재하는 동안 더 건강하고 활기차게 살아가는 게 좋지 않은가!

앞서 말했듯 뭔가를 시작하면 거의 끝장을 보는 편인 나는 영양제 또한 (지금은 국내에도 좋은 제품이 많지만) 해외직구로 이렇게 저렇게 여러 조합을 시도해보고 내 몸에 맞는 걸 찾아 복용한다. 단 한 끼도 빠지지 않고 먹는다. 혹자는 이렇게까지 하는 나를 보면서 되게 피곤하게 산다는 듯한 시선을 보내기도 하지만, 안 먹고 만성피로에 시달리는 것보다는 이렇게 챙겨 먹으며 건강하게 사는 게 옳다.

플라시보 효과(placebo effect), 위약효과라는 말을 한 번쯤은 들어봤을 것이다. 효과가 없는 약을 진짜 낫는 약이라고 믿고 먹었을 때 환자의 증세가 실제로 호전되는 현상을 말한다. 대표적으로 2009년에 위스콘신 대학에서 실시한 연구에 따르면, 감기 환자에게 식물을 알약에 담아 주었더니 알약을 받지 못한 환자군보다 평균 반나절 정도 빠르게 회복되었고, 알약이 효과가 있다고 믿었던 환자들은 평균 2.5일 더 빨리 회복되는 결과가 나왔다고 하니 무시할 바는 아니다.

영양제의 효과 또한 마찬가지다. 의학계에서는 다양한 의견이 있고, 나도 전문가가 아니다 보니 무조건 좋다고 말하기는 어렵지만, 좋다고 생각하고 먹는 게 더 큰 효과를 가져오지 않을까 싶다. 그래서 나는 영양제를 먹을 때도 하나하나 그 효능을 생각하면서 '이것들이 내 몸에 들어와 이런저런 영양과 에너지를 줄 거야'라며 믿고 섭취한다. 그렇게 '자기 최면'을 걸면서 먹으니 더 흡수가 잘 되고 더 건강해지는 듯하다.

호기심 많은 나는 여러 가지 경험 중 좋았던 게 있으면 같이 나누고 싶어 입이 달싹거린다. 샛길로 빠지는 것 같지만, 그런 면에서 혹시 다이어트를 생각하고 있다면 하비 다이아몬드(Harvey Diamond) 박사의 책을 여러 권 읽어보길 추천한다. 나는 그의 《내 몸이 아프지 않고 잘 사는 법》을 읽고 그대로 실천한 적이 있다. 일주일 동안 과일과 채소만 먹는 식이요법으로 체중이 감소하면서 몸이 건강해지는 걸 체감했다. 마른 편이지만 항상 단단한 술배가 조금 나와 있었는데, 그 방법을 일주일 했더니 배가 엄청 말랑말랑해졌다. 신기했다. 건강한 다이어트를 원한다면 꼭 읽고 해보길 바란다. 인생은 도전의 연속 아닌가!

《후회 버리는 습관》의 저자이자 유명 경영 컨설턴트인 한근태 소장님의 줌 강의를 우연히 들었다. '피로(疲勞)'와 '피곤(疲困)'의 차이를 말씀하셨다. 한자 '힘 력(力)' 자가 들어가는 '피로'는 노동이나 일을 많이 해서 육체가 피로한 상태를 말하고, 상자 안에 나무(木)가 들어 있는 '곤(困)' 자를 쓰는 '피곤'

은 정신적으로 힘든 상태를 말한다고 한다. 따라서 피로할 때는 쉬거나 잠을 자면서 휴식을 취해야 하고, 피곤할 때는 오히려 운동이나 다른 일을 하면서 움직여야 한다는 것이다.

우리는 "아, 피곤해"라는 말을 입에 달고 산다. 하지만 피곤한 건지 피로한 건지를 잘 구분해야 한다. 그렇지 않으면 적절한 해결책을 찾을 수 없다. 특히, 지금처럼 IT 기술이 발달한 사회에서는 육체의 피로보다 정신이 피곤할 때가 많다. 하루 종일 의자에 앉아 컴퓨터에 매달리는 바람에 피곤하다면 더 움직여야 한다. 피로할 때는 그냥 쉬거나 자면 되지만 피곤할 때는 머릿속만 더 혼란스러울 뿐 잠도 잘 안 온다. 그럴 때는 오히려 걷고 운동해야 머릿속도 맑아지고 잠도 잘 자 피곤이 달아난다. 그러니 제일 먼저가 피로와 피곤을 잘 구분하는 일이다.

요즘의 나는 에너지가 넘친다는 말을 자주 듣는다. 아무리 에너지가 뿜뿜하다고 자부하는 사람도 나를 만나면 놀랄 때가 많다. 그렇지만 나는 정작 에너지가 넘치는 게 아니라 내가 그냥 '에너지'라고 생각한다. 그럼으로써 극강의 에너지를 유지하려 노력한다. 나 스스로를 에너지라고 정의하고, 에너지는 무한대라 믿고 행동하니 타인이 볼 때 엄청난 에너지의 소유자라고 느끼게 되지 않나 싶다.

영양제가 쏘아 올린 작은 공이 내가 에너지라고 스스로 정의하는 데까지 이르면서 나에게 피로와 피곤은 허상이 되어 버렸다. 그대들도 '피로'나 '피곤'은 존재하지 않는다고 생각하고 물리쳤으면 좋겠다. 그렇게 또 하나의 부정적인 테두리를 걷어내고 긍정의 마음으로 건강하게 존재를 유지하자.

그 무엇이든 문제가 생기면 대처하고 해결해야 한다. 건강도 마찬가지다. 스스로 건강하다고 정의할 수 있고, 몸의 안 좋은 부분도 스스로 개선할 수 있다. 건강한 신체가 건강한 정신과 합해지면 매일매일 활력이 넘친다. 그대들 모두 피로, 피곤, 우울 등을 물리치고 항상 건강한 삶을 살게 되길 진심으로 기도한다.

CHANGE FOUR
: 모든 게 변하다

> 끝없는 수정과 보완의 반복인 인생에서
> 그대들의 삶은 그대들 스스로 창조해야 힌다.
> 남 의식하지 말고 내 인생을 살자.
> 주인공은 언제나 나다.

'신용불량자'에서
'성실 신고 대상자'로

　창피한 이야기지만, 불과 6, 7년 전만 해도 나는 신용불량자였다. 일이 안 풀리려 그랬는지 불행이란 놈이 사방에서 동시다발적으로 나타나 나를 휘감고 놓아주지 않았다. 한번 노린 먹이는 절대 놓치지 않는다는 하이에나가 다른 데 있는 게 아니었다. 불행은 마치 나를 흔적도 없이 먹어 치우려는 듯 기세등등하고 집요하게 내 이곳저곳을 파고들었다. 아무런 인과관계가 없는 일들이 아주 밀접하게 연결된 것처럼 동시에 벌어진다는, 카를 융(Carl Gustav Jung)이 말한 '동시성' 현상이 나에게도 일어난 듯했다.
　한꺼번에 찾아온 불행으로 정신을 차리지 못하는 와중에 하던 사업은 내리막길을 향해 내달렸고, 늘어난 빚을 갚지 못해 어느새 사람들이 흔히 말하는 '신불자'가 되어 있었다. 핸드폰조차 개통이 어려워 창피함과 미안함을 무릅쓰고 지인의 이름을 빌려 사용하다 보니 불편한 점이 이만저만이 아니었다. 그러다 선불폰이라는 걸 알고 나서부터는 매월 1, 2만 원씩 충전해 가며 핸드폰을 썼는데, 신불자가 되어 맞닥뜨린 세상은 덴마크의 철학자 키에르 케고르((Søren Aabye Kierkegaard)가 말한 죽음에 이르는 병인 절망 속으로 나를 꾸역꾸역 밀어 넣었다.

'내 인생은 왜 이렇지? 왜 이 지경이 되었지? 힘들게 일해 겨우 집안 빚을 다 갚았는데, 도대체 신은 나한테 왜 이런 시련을 주지?'

세상이 싫었다. 모든 일에 부정적이었고, 하늘을 원망했다. 삶을 포기하고 싶었다. 그러면서도 건설현장에서 철근을 옮길 때나, 길거리에서 전단지를 나눠주거나, 건강식품을 팔 때나, 물류센터에서 택배 물품을 내리고 실을 때도 머릿속엔 온통 돈 생각뿐이었다. 어떻게 하면 돈을 많이 벌 수 있을까? 돈을 좇는 삶이 계속되었다. 하지만 돈은 마치 옆에 있지만 잡을 수는 없는 공기처럼 나에게 닿지 않았다.

사는 게 너무나 피곤했다. 한강 변을 서성거렸다. 선택의 연속인 인생에서 그때 나는 천둥벌거숭이가 된 채 다시 한번 선택의 기로에 섰다. 살고 싶다는 소망? 살아야 한다는 다짐? 무엇이 나를 붙잡아 세웠는지는 확실치 않다. 죽을 것인가, 그냥 이대로 아등바등 살 것인가, 아니면 정말 내가 원하는 인생을 살 것인가. 이왕 산다면 내가 원하는 삶을 살고 싶었다.

당장 현금으로 스마트폰을 살 정도는 된 지금 나는 그때처럼 아등바등 돈을 좇지 않는다. 경제적으로 여유가 생기니 그런다고? 아니다. 돈에 대한 집착은 경제적인 여유와는 관계가 없다. 돈이 많다고, 여유가 생겼다고 사라지지 않는다. 아흔아홉 개 가진 사람이 한 개 가진 사람 걸 빼앗아 백 개를 채우고 싶어 한다는 말처럼 돈이 많을수록 오히려 돈에 더 집착하는 사람을 우리는 종종 보지 않는가!

나도 그랬다. 하나의 분야를 정해 초집중해도 모자랄 판에 돈에 대한 욕심으로 처음부터 면밀한 조사나 계획도 없이 여러 가지 사업에 발을 담갔다가 어느 하나도 집중 못 하고 급기야 '신용불량자'가 되는 지경에 이르고 말았다. 하나를 이루고 나면 지금처럼 자연스럽게 연관된 여러 루트가 눈앞에 보일 텐데, 과욕이 화를 불렀다.

그렇다면 무엇이 달라졌을까? 돈에 대한 개념이다. 돈은 그 자체로 인격체이며 지갑 속에, 통장 속에 꽁꽁 모아놓는 게 아니라 순환시켜야 한다고 생각한다. 돈은 잘 사용하면 돌고 돌아 더 크고 바람직하게 돌아온다는 걸, 그럴 때 훨씬 더 가치가 증폭된다는 걸 알았다. 쓰는 게 아깝다고 여기는 순간 돈은 내게서 멀어졌다. 그리고 눈치 빠른 돈은 다시 돌아오지 않았다. 내가 돈에 대해 아등바등하지 않는 이유이다. 이제는 식당에서 음식을 먹고 돈을 낼 때도 감사한다. 그 돈은 식당 사장님에 의해 또 다른 곳에서 유용하게 쓰이고, 그렇게 계속 자신의 가치를 드러내며 선순환하다 마침내 나에게 다시 돌아올 것이기 때문이다.

사람은 태어난 이상 행복해야만 하는 존엄한 존재다. 돈은 그 행복에 다가가기 위한 여러 조건 중 하나다. 그렇다면 돈만 가지고 있으면 행복할까? 아니다. 자린고비 부자들처럼 쌓아두기만 하다 죽음을 맞이하는 삶은 생각만 해도 끔찍하다. 써야 행복해진다. 선물을 받을 때보다 줄 때가 더 행복한 것처럼 돈도 쓸 때가 벌 때보다 몇 배는 더 행복하다.

과소비나 사치를 부리라는 말이 아니다. 쓸 수 있는 돈이 있다면 돈의 소중함을 기억하고 가치 있게 사용함으로써 삶을 더 풍성하게 영위하라는 말이다. 요즘 MZ세대들에게 확산되고 있는, 하나를 향해 파고드는 디깅(digging) 소비는 그런 면에서 바람직하다고 생각한다. 뒷일 가리지 않고 쓰는 '욜로'를 좋아하지는 않지만, 자기의 능력을 과하게 넘어서지 않는 선에서의 '디깅'은 적절한 유행 아닌가 싶다.

사실, 돈에 대한 이러한 개념 장착은 많은 책과 다양한 경험의 산물이다.

> "돈은 당신을 언제나 지켜보고 있다. 돈을 인격체로 받아들이고 깊은 우정을 나눈 친구처럼 대하면 된다. 품 안의 돈을 기품 있는 곳에 사용하며 사랑하는 사람과 보호해야 할 가치가 있는 곳에 사용할 것이다. 이를 지켜보고 있는 돈도 더 많은 친구를 옆에 불러들일 것이다. 내가 돈의 노예가 되는 일도 없고 돈도 나의 소유물이 아니므로 서로 상하관계가 아닌 깊은 존중을 갖춘 형태로 함께 하게 된다. 이것이 진정한 부의 모습이다."

-스노우폭스북스 ≪돈의 속성≫, 김승호

짐킴 홀딩스 김승호 회장님의 책에 나오는 이런 주옥같은 말들은 언제나 나의 심장을 찌른다. 허투루 듣지 않으니 깊이 생각하고 행동으로 옮긴다. 그러다 보니 어느새 돈과 사이좋은 친구가 되었고, 우정도 생겼다. 그렇게 돈과 친해지는 중인 나는 지금은 여러 개의 파이프라인을 통해 수입이 생긴다. 물론, 나가는 돈도 그에 비례한다.

인생에서 무엇인가 배우길 원한다면 그 분야에서 증명된 사람의 말을 듣길 추천한다. 지금은 그러기에 딱 좋다. 여러 분야에서 증명된 수많은 사람이 책과 유튜브, SNS를 통해 본인들의 노하우를 아낌없이 나눠주는 시대 아닌가! 증명하지 못하고 말만 많은 사람의 충고는 과감하게 패스하는 편이 정신건강에 이롭다.

앞서 말한 기로에서 나는 부자의 삶을 원했고 선택했다. 부자가 되고 싶었기 때문이다. 그래서 부자들의 마인드와 생활습관을 그대로 벤치마킹하기 시작했다. 부자처럼 생각하고, 부자처럼 행동하며, 이미 부자가 된 사람처럼 살려고 노력했고, 그 노력은 아직도 진행 중이다. 성공한 사람들의 책, 외국 부자들의 책, 오래된 책부터 최근 책까지 시간과 공간을 가리지 않고 읽는다. 더 많이 빨리 읽고 싶어 속독법까지 배웠다. 그런데도 읽고 실천하면서 알았다고 생각했던 것들조차 수박 겉핥기에 지나지 않았음을 종종 느낀다. 그래서 또 읽는다.

부자에 대한 사람들의 시선이 곱지 않다는 걸 안다. 예전보다 나아지긴 했지만, 지금도 인터넷이나 유튜브에는 부자들을 비난하고 질투하고 시샘하며 깎아내리는 댓글들이 여전히 많다. 빈부의 격차가 점점 극대화되는 자본주의 사회에서 그런 풍토 형성은 어쩌면 피할 수 없는 일인지도 모른다. 하지만 부자를 곧 죄인으로 몰아가는 행위는 옳지 않다. 피나는 노력이든, 단순히 운이 좋았든 남들보다 많은 돈을 번 건 죄가 아니다.

물론, 간혹 갑질을 하거나, 범죄를 저지르거나, 노동력을 착취하는 등 부도덕한 방법으로 돈을 번 사람들도 뉴스에 등장하곤 한다. 그럴 때면 세상의 모든 부자는 나쁘다는 둥, 독하다는 둥, 베풀 줄 모른다는 둥 부자를 폄훼하는 온갖 말들이 난무한다.

그런데 적어도 내가 만나본 부자들은 달랐다. 돈이 많아서 여유가 있다기보다 여유가 있어 돈이 모인 듯했다. 남의 말을 진심으로 들어주는 경청의 달인이었으며, 상대의 입장에서 생각할 줄 아는 배려가 돋보이는 사람들이었다. 여유롭고 베풀 줄 알며, 겸손하고 온화하면서도 선했다.

가난한 사람 중에도 나쁜 사람이 있듯 부자 중에도 나쁜 사람들은 존재하기 마련이다. 반대로 좋은 사람들도 이처럼 많다. 그러니 빈자(貧者)와 부자를 이분법으로 구분해 갈라칠 시간에 어떻게 하면 내가 좋은 부자가 될지 연구하는 게 더 효율적이지 않을까? 부자가 되길 원하면서 부자를 싸잡아 비난하는 건 자기모순이다.

그대들도 지금 선택의 기로에 서 있는가? 그렇다면 되고 싶고 살고 싶은 삶이 무엇인지 고민하고 상상하라. 우리에게는 부자가 될 권리도, 돈을 쓸 권리도 있다. 선택은 그대들의 몫이다.

쓰는 게 아깝다고 생각한 순간 돈은 내게서 멀어졌다.
그리고 눈치 빠른 돈은 다시 돌아오지 않았다.
쓸 때 훨씬 더 가치를 발휘하며 더 커져 돌아왔다.

'특성화고 말썽꾼'에서
'금융회사 사업단장'으로

    고등학교 1학년 때 공고에서 상고로 전학을 갔다. 공고의 전기 및 전자 관련 과 학생이 익혀야 할 기본은 납땜이다. 입학하면서부터 졸업할 때까지 5mm 간격의 구멍 수백 개가 있는 만능기판에 주어진 회로도 대로 납땜을 해내야 하는 실습이 3년 내내 이어진다. 하지만 반 친구들 모두 과제를 완성하는데 유독 나만 망치기 일쑤였다. 한두 번이 아니라 늘 결과가 그랬다. 그때 느꼈다. 나에겐 이 일에 재주도 없고 적성에도 맞지 않는다는 걸! 울고 싶은데 뺨 맞는 격으로 친구와 트러블까지 생기는 바람에 학교가 싫어졌고, 그 참에 상고로 전학을 갔다. 그렇지만 전학 간 그 학교에서도 딱히 다녀야 하는 이유나 재미를 못 찾은 나는 담임선생님께 말했다.

    "자퇴하겠습니다."

아니나 다를까. 그 말을 전해 듣고 학교에 온 엄마는 자퇴는 안 된다며 눈물바람으로 선생님께 매달렸고, 선생님은 나를 앉혀 놓고 여러 차례에 걸쳐 설득 반 협박 반으로 내 의지를 꺾는 데 성공했다. 그 일을 겪은 후부터 선생님은 2학년, 3학년 때까지도 "저놈은 내가 AS(?)를 해야 한다"며, 잘못을 저지르면 크게 혼을 내면서 호시탐탐 나를 감시했다. 그분이 아니었으면 중간에 그만두었을 게 뻔했을 만큼 고등학교를 말 그대로 간신히 졸업했다.

선생님과는 졸업 후에도 매년 한두 번씩 전화로 안부를 주고받기는 했다. 초라한 내 형편에 차마 만나 뵐 용기는 내지 못했지만, 언젠가는 반드시 떳떳하고 당당한 모습으로 꼭 학교에 찾아가 인사를 드리겠다는 간절함만은 잊지 않았다. 그리고 졸업후 20년이 지난 어느 날, 그해 스승의 날에 아무도 몰래 선생님을 찾아뵙기로 마음먹었다. 가기 전부터 선생님 만날 생각만 하면 주책없이 자꾸 눈물이 흘렀다.

마침내 그날, 교무실 문을 열고 안으로 들어섰다.

"어, 땡마? 왔어?"

마치 매일 교무실을 들락거리는 학생이라도 본 듯 선생님은 아무렇지 않게 나를 맞이했다. 중학교 때부터 땡땡이의 달인으로 정평이 나 붙여진 내 별명 '땡마'를 기억하고 계셨다. 선생님의 그 말에 학교 문턱을 넘을 때부터 반쯤 매달려 있던 눈물이 진공청소기 속으로 먼지가 빨려들 듯 눈 안으로 쏙 자취를 감춰버렸다. 대신 실없는 웃음이 터졌다. 살면서 단 한 번이라도 위대한 스승을 만나는 것은 하늘의 축복 없이는 불가능한 일이라고 생각한다. 하마터면 학교를 그만두고 하릴없이 떠돌 뻔했던 그때 나를 잡아준 장창중 선생님께 다시 한번 진심으로 감사드린다.

나에게는 베프도 있다. 경찰이 된 그는 제대 후 1년 동안 노량진에서 살더니 바로 합격해버렸다. 1년 만에 합격이라니 얼마나 위대한가! 그래서인지 그 친구는 20대가 다 지나도록 내내 자리를 못 잡고 방황하는 나에게 집요하게 공무원 되기를 권유했다. 하지만 나는 정해진 급여가 있는 삶이 갑갑했다. 늘 내 능력만큼 벌 수 있는 일을 갈구했고, 세일즈는 거기에 딱이었다. 기필코 세일즈로 성공하리라 끊임없이 다짐했다.

물론, 가끔은 패배감에 젖기도 했다. 친구들은 모두 자리를 잡아가고 있는데 나만 30대가 되어서도 투잡, 쓰리잡으로 알바를 전전하며 살고 있으니 어찌 한 번도 자괴감이 들지 않았으랴. 그럴 때면 그냥 다 접고 고시원에 처박혀 공무원 시험을 준비할까 하는 생각도 했으나 세일즈에 대한 열망을 포기할 수는 없었다.

몇 년 전, 그 친구의 결혼식을 앞두고 나는 딜레마에 빠졌다. 친구에게 줄 축의금 때문이었다. 아무리 어렵다 해도 10만 원, 20만 원 정도야 어떻게든 마련할 수 있었지만, 가장 친한 친구의 결혼 축하를 그 정도로 하고 싶지 않았다. 하지만 그 이상의 돈을 마련하기는 힘들었다. 축의금을 주어야 하나 말아야 하나 고민하던 나는 구구절절 장문의 편지를 써서 대전의 결혼식장으로 내려갔다. 아름답고 행복한 결혼식을 보는 내내 내 뇌리에서는 '축의금'이라는 단어가 사라지지 않았다. 누구보다 큰 '축하'를 해주어야 하는데 누구보다 형편없는 '걱정'에 휩싸여 있는 꼴이라니!

어느덧 식이 끝나고 나니 고민이 축의금에서 편지를 주어야 하나 말아야 하나로 옮겨갔다. 뒤죽박죽 혼란스러운 마음을 겨우 다잡고는 축하한다며, 나중에 정말 크게 선물하겠다며, 미안하다며 손에 편지를 쥐어주고는 도망치듯 식장을 빠져나왔다. 서울로 올라오는 버스 안, 눈물이 볼을 타고 줄줄 흘러내렸다. 참을 수 없었다. 초라하고 한심한 나 때문이기도 했고, 미안함 때문이기도 한 눈물이었다.

같은 공무원 동료와 결혼한 위대한 그 친구 박일환은 지금 예쁜 딸을 낳고 알콩달콩 깨를 볶으며 산다. 나는 혼자인데! 그래도 우리는 하루가 멀다 하고 카톡을 주고받는데, 그때마다 그는 내 인스타그램을 보고 조언도 해주는 한편 느끼는 것도 많다면서 나를 응원해준다. 아, 참. 얼마 전 나는 그에게 결혼식 때 못했던 축하의 선물로 가전계의 명품이라 불리는 다○○ 가습기를 사주었다. 그대도 그게 더 좋지?

땡땡이의 달인이었던 학생, 친구의 결혼식 축하 선물조차 못해 하염없이 눈물을 흘렸던 내가 지금은 어엿한 보험회사의, 전국 곳곳에 많은 직원을 둔 사업단 단장이자 마케팅 회사 대표가 되었다. 쉽사리 예측할 수 없는 인생이지만, 내가 상상하는 대로 되어간다.

"상상하면 현실이 된다."

유명한 말이니 한 번쯤은 들어보았으리라. 20대 후반, 우연히 이지성 작가의 《꿈꾸는 다락방》이라는 책을 접했는데, 읽는 내내 강력하게 끌렸다. 몇 번을 재독하고 'R=VD'를 실천하기 시작했다. 'R=VD'란 'Realization=Vivid Dream'의 약자로, '생생하게 꿈꾸면 이루어진다'라는 뜻의 공식이다. 이 공식을 무한신뢰한 결과 지금 나의 VD는 R이 되었다. 살면서 우연히 마주한 책 한 권이 사람의 인생을 바꿀 수 있다니 독서란 얼마나 위대한 창조행위인가!

사실, 여러 번 삶을 포기하려고 했다. 인생이 너무 안 풀리고 힘들어 가끔은 옥상에서, 가끔은 한강 다리 위에서 뛰어내리고 싶어 서성거렸다. '이렇게 살려고 태어난 게 아니'라며 현실을 부정할 때도 있었다. 그랬지만 포기하지 않았다. 잠재

의식에 '너는 기필코 성공할 사람'이라며 새겨 둔 성공 DNA가 힘들 때마다 나를 채찍질했다. 그리고 온 우주의 도움으로 결국 역전을 이뤄냈다.

그대들은 마음의 도화지에 무엇을 그리고 있는가? 키보드에 A를 입력하면 화면에 A가 나타나듯 마음속으로 천국을 그리면 현실이 천국이 된다. 어렵다고 생각하면 어려워지고, 쉽다고 생각하면 쉬워진다. 그대들의 인생을 천국으로 만들고 싶다면 마음속에 천국을 입력값으로 넣어야 한다. 천국인지 지옥인지 선택은 자신의 몫이다. 천국을 선택하면 그대들의 인생도 온통 축복이자 천국이 될 것이다. 둘 다 경험한 나는 매일이 축제 같은 지금에 감사하며 산다.

세계적인 영적 지도자로 일컬어지는 데이비드 호킨스(David R. Hawkins) 박사가 말했다.

"그대들은 풍족이 넘쳐나는 문제를 겪을 겁니다. 그러니 뭘 좋아한다고 말하기를 조심해야 합니다. 만약 제가 감초를 좋아한다고 말하면 문 앞에 감초가 배달되어 있거나 제자가 감초를 선물하는 등 일주일도 안 되어 넘쳐나는 감초를 받을 겁니다."

전적으로 동의한다. 우리의 생각은 실체라서 그대로 현실로 나타난다. 그러니 안 좋은 생각은 할 필요가 없다. 1년 전

걱성을 지금 기억하는가? 어차피 휘발될 걱정 따위 집어치우고 좋은 생각만 하자. 나 또한 소소한 생각이 현실이 되는 경험을 종종 한다. 그중 하나가 주차다. 지정석이 아님에도 매일 그 자리에 주차하는 상상을 하면 십중팔구 내 자리가 된다. 주차장이 아무리 만석이어도 비어 있을 때가 다반사다.

상상의 힘은 이토록 어마어마하고 무시무시하다. 이런 소소한 상상은 일상에서 나에게 편리함을 제공했다. 그래서 나는 주 업무를 상상이라고 해도 틀리지 않을 만큼 습관처럼 상상한다. 심심해도 상상한다. 지금의 나도 내가 상상한 결과다. 그대들도 지독하게 상상하라. 단, 좋은 상상만! 신은 인간에게 상상할 수 있는 축복을 건네주었다. 신이 선물한 도구를 마음껏 사용하길 바란다.

'떠돌이 직장인'에서
'행복한 리더'로

　학창시절, 나는 문제아 축에 속했다. 학교를 잘 가지 않았고, 가더라도 잠만 잤으며, 가출 후 노숙하다가 신고받고 나를 찾던 경찰에게 붙들리기도 했다. 친구들과 장난치다가 양 손목이 탈골된 적도 있으며, 술 마시고 뛰다 버스에 치여 의식을 잃고 수술 후 중환자실에 누워 있기도 했다. 초등학교 3학년 때 부모님의 이혼 후 아버지 밑에서 자라면서 같은 남자라 그랬는지 심하게 반항을 부렸고, 때로는 남동생과 함께 고모네 집에 얹혀살기도 했다. 비단 학창시절뿐이랴. 군생활 중에도 몇 번의 문제를 일으켰고, 제대 후에도 방황하며 세월을 보냈다.
　하지만 지금은 나름 대형(?)조직의 리더이자 3만 명의 팔로워를 보유한 인스타그램 인플루언서다. (물론, 팔로워 중에는 모르는 외국인과 재테크 계정도 여럿 포함되어 있긴 하다.) 인생은 수정, 보완의 연속이다. 수정과 보완을 얼마나 잘 해내느냐에 따라 현실이 바뀌고 삶이 변한다. SNS라고는 싸이월드 이후로 거의 처음인 내가 SNS를 시작하고 불과 3년 남짓 만에 3만 팔로워를 보유하다니, 엄청난 변화 아닌가!

그렇게 일탈도 사고도 많이 쳤기 때문에 (어쩌면 사고 총량의 법칙이 있는 건지도 모르겠지만) 수정하고 보완해 지금은 올바르게 살려고 노력한다. 가끔 '나는 바른 사람인가?'라고 자문할 때가 있다. '그렇다'고 대답하기에는 아직 양심에 걸리지만 학창시절에 비할 바는 아니다.

어차피 한 번 사는 인생, 태어나 이 땅에서 살아가며 존재하기를 선택했다면 원하는 삶을 살아야 하지 않을까? 난 문제 아로 사는 삶보다는 문제를 해결하는 사람으로 살기를 선택했다. 그리고 지금은 많은 식구들의 리더로서 열심히 일한다. 영업조직 관리자는 동료들이 느끼는 문제와 고충을 듣고 현장에서 자신 있게 일을 진행할 수 있도록 그것들을 해결해주어야 한다. 매일매일 각자가 느끼는 새로운 수십 가지 문제에 직면할 수밖에 없는데, 그들이 필요로 하는 부분에 도움을 주고, 그들의 고충을 해결해주며, 그로 인해 소득이 높아지는 걸 볼 때 감사하고 행복하다.

10여 년 전, 나는 리더가 아닌 일반 영업사원으로 지금의 일을 시작했다. 잘할 줄 알았으나 잘 못했고, 자리를 잡지 못한 채 이 회사 저 회사를 떠돌아다녔다. 문제의 본질은 내부에서 찾아야 한다. 모든 문제가 나에게서 발현되었다고 생각하면 대부분 맞다. 자리를 잡지 못한 본질적인 이유는 내가 조직에 적응을 못 했기 때문이다. 그다음은 당시 리더 중에 내가 따를 만한 사람을 못 만났다는 것인데, 그래서 고맙다. 리더가 되겠다고 마음먹고 취했던 첫 번째 행동이 그들의 잘못된 점을 모조리 끄집어내어 나열한 후 그것들을 하지 않겠다고 결심한 일이었으니까. 어떤 일을 잘하는 데는 장점의 극대화도 좋지만 실수를 최소화하는 것도 방법이다. 그랬더니 1년도 안 되어 따르는 동료가 20명이 넘었고, 5년이 채 되기도 전에 100명이 넘는 식구들이 생겼다.

내 행동과 방법이 정답이라 생각하지 않는다. 인생에 어디 정답이 있겠는가. 사실, 성공으로 가는 가장 빠른 길은 롤모델의 조언을 들으며 그대로 벤치마킹하는 것이라고들 한다. 하지만 당시 나에게는 그럴 만한 롤모델이나 멘토가 없었다. 그래서 따르고 싶지 않은 사람들의 행동을 분석하고 그것과 반대로 하기를 선택했다.

지금은 많은 멘토와 롤모델이 생겼다. 환경의 변화에 따라 교류하는 사람들도 바뀌었다. (가끔은 안타까울 때도 있지만)

어릴 때 친했던 친구들보다 사회에서 만난 친구들, 선후배 등과 더 친밀한 관계를 유지하며 산다. 좋은 사람 곁에는 좋은 사람들이 모이듯 주변에 좋은 사람들이 계속 늘어난다.

2019년 가을, 난생처음 200여 명의 청중 앞에서 '세일즈 노하우'에 관한 강의를 하게 되었는데, 첫 1분 정도가 영겁의 시간처럼 느껴졌고 가슴이 덜덜 떨렸다. 하지만 그 1분이 지나고 나니 그다음 1시간은 어떻게 지나갔는지 모를 만큼 몰입했고, 끝나고 나서는 여러 사람에게 재미있었다는 말을 들었다. 강의 후기가 좋게 달린 탓인지 얼마 지나지 않아 보험업계의 거장들이 모인 자리에 초대받아 가게 되었다. 내로라하는 대표들과 임원들 사이에 나 혼자만 지점장급인데다 말로만 듣던 분들 옆에 앉아 있으니 심장이 콩알만 하게 쪼그라드는 듯했다. 동료들과 조용히 일할 뿐 SNS도 외부 활동도 거의 하지 않던 내게 이런 분들과의 자리는 큰 영광이었다. 그중 몇 분이 함께 일하자며 프러포즈를 해왔는데, 나는 지금의 마이 리더이자 위대한 리더인 '안기서' 상무님을 선택했고, 그 후부터 내 인생이 본격적으로 변하기 시작했다.

좋은 리더를 판단하는 방법은 여러 가지가 있지만, '신뢰'가 가장 중요하다는 사실을 그분들과 연을 맺으면서 느꼈다. 다른 분들을 신뢰하지 않는다는 게 아니라 안 상무님이 가장 신뢰감이 갔다는 뜻이다. 믿기까지는 표면적이고 현실적인 증거들도 필요하지만, 경험에 따른 일종의 '촉'이나 '감' 같은 느낌도 중요하다. 여러 번 실패하고 속아본 나는 나만이 느끼는 '촉'으로 가장 좋은 선택을 했다. 실패를 경험해보라거나 100% '촉'으로 뭔가를 결정하라는 말이 아니니 오해 말길 바란다. 말만을 믿지 말고 객관적인 수치와 살아온 발걸음 등을 눈으로 확인한 후 '촉'을 더해야 한다. 그리고 누가 보아도 '멋있는 사람'과 일을 해야 나도 멋있어진다. 내가 본 '안기서'라는 분은 누구보다 멋진 사람이었고, 계속 더 멋져진다.

반면, 선택은 나만의 전유물이 아니다. 내 선택이라고 할 수도 있지만, 반대로 말하면 그분에게 선택받은 것이다. 그렇다면 무엇 때문에 선택받았을까? 그저 강의 1시간 잘했다고? 나라도 그것만으로는 선택하지 않는다. 그때까지 나는 마치 외부에 드러내지 않기를 다짐한 '재야의 고수'처럼 조용히 실력을 쌓았다. 독기를 품고 밤낮없이 일했다. 그러면서 쌓인 내 공이 느껴지지 않았을까? 자기 분야에서 최선을 다하며, 온 시간을 쏟아부으며 살다 보면 결국 전문가 반열에 오르고, 선택하기도 하고 선택받기도 하는 사람이 된다. 그대들도 자신의 분야에 집중하는 삶을 선택하면 위대한 귀인에게 선택받는 날이 분명히 오리라 장담한다.

나는 나와 함께하는 식구들은 매일 본인의 일에 만족하며 행복하게 살아간다고 믿는다. 물론, 롤러코스터 같은 인생

중에는 종종 변수가 나타나기 마련이라 때로는 힘들기도 하고 어려움에 봉착하기도 한다. 하지만 그러한 문제들을 같이 고민하고 해결해 나가며, 또 기쁜 일이 생기면 내 일처럼 함께 기뻐하고 축하하며 산다. 아직 많이 부족한 리더라서 솔직하고 투명하게 운영하려고 노력하며, 거짓말을 하거나 감언이설로 꼬드겨 일하게 만들지 않는다. 망할지언정 그렇게 살기는 싫다.

보험업계의 리더이자 관리자는 영업사원을 지속적으로 유치하고 성장시키는 일이 숙명으로, 리크루팅이 기본 업무이다. 또 채용에 그치지 않고 그들이 돈을 벌게 해줘야 하므로 시장개발, 마케팅, 기획 등의 업무들도 해야 한다. 그런데 보험업계에는 뛰어난 활약으로 반짝 유명세를 떨치다 사라지는 리더들이 많다. 왜 그럴까? 10년 넘게 일하면서 겪어보니, 사람을 돈으로 보는 리더들은 다 사라지고 있었다. 돈을 벌려고 하는 일이므로 계산적으로 사는 게 어찌 보면 당연하지만, 버는 돈에 매몰되어 함께하는 동료들을 돈으로 보기 시작하는 순간 사람들은 떠나기 마련이다. 인격을 존중하는 리더와 일하고 싶지 사람을 돈으로 보는 리더와는 누구도 일하고 싶어 하지 않는다. 사람은 본능적으로 그것을 느끼고 판단한다.

나는 이 일이 정말 좋다. 고객들을 위험으로부터 보호해

주는 상품을 판매했고, 지금은 그런 일을 하는 동료들을 관리하면서 그들이 일을 잘하도록 도움을 줄 수 있어 너무 기쁘다. 게다가 사람을 만나는 일이라 다른 일을 했다면 전혀 연결이 안 되었을 분들과도 자연스럽게 인맥이 형성되었는데, 그중에는 방송에 나오는 유명인부터 인플루언서까지 정말 다양하다. 자랑이 아니라 삶에 충실하다 보니 그렇게 되었다는 얘기다. 직업에는 귀천이 없지만 다양한 직업을 가진 지인이 있으면 살아가는 데 여러 부분에서 도움이 되는 건 부정하기 어려운 사실이다. 오늘도 그렇게 나는 누군가에게 도움을 주고 나도 도움을 받는다. 주고받으면서 사는 삶이 행복하다.

좋은 리더를 판단하는 방법은 여러 가지가 있지만, '신뢰가 가장 중요하다는 사실을 그분들과 연을 맺으면서 느꼈다.

'킬링타임 도구'에서 '행동하는 도구'로

　세계적으로 수많은 팬을 보유한 축구구단이자 한때 전 세계 축구클럽 가치 순위 1위를 차지했던 영국의 '맨체스터 유나이티드 FC'를 아는가? 해외축구의 아버지라는 뜻의 '해버지'라는 별명을 가진 박지성 선수가 뛰었던 구단이니 혹 어리석은 질문일지도 모르겠다. 그 구단을 세계 최고의 반열에 올려놓은 사람이 바로 위대한 감독 퍼거슨 경(Sir Alexander Chapman Ferguson)이다. 그는 무려 26년 동안이나 맨유의 감독으로 일하면서 프리미어리그 우승 13회, 유럽 챔피언스 리그 우승 2회, FA컵 우승 5회라는 누구도 넘보기 어려운 엄청난 업적을 남겼다.

　그런 그가 2011년 5월 "SNS는 인생의 낭비다"라는 망언이자 명언을 남겨 세간의 화제가 되었다. 실제로는 "What a waste of time", 즉 '인생'이 아닌 '시간'의 낭비라고 말했다고 하는데, 그래도 내가 볼 때 퍼거슨 경의 이 말은 틀렸다. SNS는 나 대신 24시간 일을 해줄 수 있는 위대한 도구로, 나는 SNS 덕분에 수입이 기하급수적으로 늘었을 뿐만 아니라 위대한 인물들을 지인으로 삼을 수 있었으니까!

하지만 퍼기(퍼거슨의 애칭) 경 입장에서는 틀리지 않았다. 감독으로서 훈련과 경기에 집중하기보다 SNS로 타인과 설전을 벌이거나 구설에 오르는 선수들을 보면서, 그로 인해 경기력이 떨어지는 상황을 염려한 말이었으니 말이다. 당시 구단 내 최고였던 한 선수가 트위터에서 팬들과 자주 언쟁을 벌였던 터라 퍼기 경은 공개적으로 저런 말을 할 수밖에 없었을 것이다.

한때 내가 킬링타임용으로 종종 활용했던 SNS가 지금은 세상을 뒤흔드는 플랫폼이 되었다. SNS를 통해 수많은 셀럽과 스타가 배출되는데, 그래서인지 SNS 자체를 무시하거나 인플루언서들을 보며 시기, 질투를 보내기도 한다. 그러다 SNS가 세상을 망친다며 원망한다. 반면, SNS를 동기부여, 자기 계발, 감동, 자극 등의 수단으로 사용하는 사람들이 있는데, 그들은 자신의 인생을 바꾸는 예술적 도구로 삼는다. 그대들은 원망을 선택할 것인가, 예술을 선택할 것인가!

어릴 때부터 '질투'라는 감정을 잘 못 느낀 나는 잘난 사람을 보면 그저 '잘났구나' 생각하고 말았고, 친구들이 잘나가면 그냥 축하를 건넸다. '질투' 대신 '자극'을 받았는데, SNS를 하면서도 마찬가지였다. 나랑 비슷한 나이에 비슷한 일을 하는데 나보다 잘하는 사람을 보니 '질투'가 아닌 불같은 '승부욕'이 타올랐다. '질투'와 '승부욕'은 다르다. '질투'는 그저 시샘하고 약이 오르는 데에 그치지만 '승부욕'은 행동을 불러일으킨다. 물론, '승부욕'만 느꼈을 뿐 행동하지 않는 사람도 많다. 어떻게 해야 내가 더 잘할지 연구하고 생각하고 행동하게 만드는 게 진정한 '승부욕'이다. 시기하며 바라만 볼 것인가, 행동으로 역전할 것인가. 이 선택 또한 오로지 그대들의 몫이다.

    자기 감정은 자기가 챙겨야 한다. SNS를 하는 게 시간 낭비가 아니라 SNS에서 자기보다 예쁘고 잘생기고 잘난 사람들을 보며 '질투'라는 불필요한 감정에 빠져 헤어나오지 못하는 것이 바로 쓸데없는 시간 낭비. 어차피 자신의 인생을 사는 것 아닌가. 타인과 비교하는 습관을 탑재하는 순간 삶은 불행해진다. 비교하는 삶은 쓸데없는 '우월감'을 갖게 하거나 불필요한 '우울감'에 빠지게 만든다. 괜한 질투심이나 부러움은 자칫 자괴감, 증오심 같은 나쁜 감정을 유발하기도 한다.

    또 SNS를 할 때도 좋은 것만 바라봐야 한다. 좋은 콘텐츠를 올리는 사람들을 팔로우해야 한다. 환경은 중요하다. 예전에는 친구를 잘 사귀어야 한다고 말했다면 요즘은 친구보다 더 자주 그리고 매일 보는 게 SNS다. 그러니 SNS 환경을 잘 조성해야 한다. 나는 새벽에 일어나 좋은 글을 올리고 재미있는 내용을 공유하는 팔로우, 팔로워들과 긴밀하고 빈번하게 소통한다. '2022년 대한민국 100대 신지식인(마인드 코칭 부문)'에 선정된 박세니 대표님도 그중 한 분인데, 그분의 콘텐츠가 매일 동기부여가 되니 하루하루가 즐겁고 행복하다. 의도치 않았지만, 우주의 알고리즘이 그렇게 인도하고 있어 그저 감사할 따름이다.

매일 힘들다며 SNS에 온갖 불평, 불만을 늘어놓는 사람들이 있다. 미안하지만, 나는 어느 정도 지켜보면서 참고 참다가 차단해 버린다. 그분들의 잘못은 아니다. 감정에 잘 휘둘리는 'I'라서 나를 스스로 보호하기 위함일 뿐이다. 인생은 남이 대신 살아주지 않는다. 내가 나를 돌봐야 한다.

세일즈나 사업을 하는 사람들에겐 SNS 활용이 필수다. 유튜브, 인스타그램, 틱톡 등에 콘텐츠를 한번 올리면 하루 24시간 노출이 된다. 전설적인 투자 전문가 워런 버핏(Warren Buffett)은 "잠자는 동안에도 돈이 들어오는 방법을 찾지 못한다면 당신은 죽을 때까지 일을 해야만 할 것"이라고 말했다. SNS는 바로 그 방법을 충족하는 위대한 도구다. 지금 당장 계정을 만들자. 그리고 귀찮더라도 계속 콘텐츠를 생산해 올리자. 습관으로 굳어지면 일도 아니다. 그러면 내가 자는 동안에도 SNS는 하루 24시간, 1년 365일 내내 나를 대신해 홍보하고 있을 것이다. 이 얼마나 감사한 일인가. 행동하라. 움직이지 않으면 무엇 하나 변하지 않는다.

꼭 세일즈나 사업을 하는 사람이 아니어도 SNS는 삶을 풍성하게 해주는 도구다. 아니, 그렇게 만들 수 있다. 고통도 행복도 겪으며 살게 마련인 인생에서 좋은 글, 좋은 영상 등을 보며 즐거움과 기쁨을 누리자. 밝고 좋은 것들만 본다면 우주는 그대에게 그런 것들을 계속 보여줄 테니 수많은 사람이 올린 행복 콘텐츠를 매일 보면서 행복한 삶을 영위하자. 느끼는 감정은 현실로 발현된다.

자칫 SNS를 통해 나쁘고 잘못된 콘텐츠에 빠져들 수도 있다. 나쁜 콘텐츠, 거짓된 콘텐츠는 먼저 만드는 사람에게 잘못을 물어야 하지만, 그것을 그대로 받아들이는 사람에게도 문제가 있다. 분별할 수 있는 혜안과 자기만의 철학이 필요하다. 좋은 것만 바라보기에도 인생은 짧다. 건강하고 좋은 콘텐츠들로 그대들의 인생을 가득 채우길 바란다.

요즘은 남녀노소 가릴 것 없이 TV 본방송보다 유튜브나 넷플릭스를 필두로 한 OTT 서비스를 즐긴다. 유튜브를 비롯한 OTT 서비스가 이미 우리의 일상에 깊숙이 파고들었다. 바

보상자라 불리던 TV가 멀어지니 유튜브와 OTT를 탑재한, 덩치가 작아 들고 다니며 언제 어디서나 볼 수 있는 스마트폰이 인간의 삶을 지배하고 있다. 내가 스마트폰인지 스마트폰이 나인지 도통 헷갈릴 정도다.

스마트폰과 한 몸이 되는 게 어쩔 수 없는 시대라면, 피할 수 없다면 받아들여 긍정적으로 바라보고 더 잘 활용하자. 스마트폰에 늘 좋은 내용만 세팅해 두고 좋은 것들만 보자. 강제로라도 그렇게 설정해 놓는다면 그대들의 인생도 자연스럽게 위대해질 것이다. 루틴이 뭐 별건가. 좋은 것을 설정해 놓고 자주 보면 루틴이지. 그렇게 살자. SNS는 위대하다.

'극 I'에서
핵인싸 '극 E'로

요즘은 성격이나 행동 특성을 말할 때 MBTI(Myers-Briggs Type Indicator)로 묻고 대답하는 게 보통이다. 분석심리학자 카를 융의 심리 유형론을 토대로 마이어스(Myers)와 브릭스(Briggs)가 고안한 MBTI는 간단한 검사로 각자의 성격 유형과 그에 따른 행동 특성을 알 수 있어 많은 이들에게 광범위하게 유행하는 중이다.

여러 번 해본 결과 내 MBTI는 늘 똑같이 나왔다. 'ENFJ'다. 외향형(E)이면서 직관적(N)이고, 감정적(F)이며 판단형(J)인데, 대입해 보면 얼추 맞는 것 같다. 사주팔자나 심리 테스트 같은 걸 맹신하지는 않으나 귀가 얇은 탓에 또 잘 믿기도 하는 편이다. 뭐, 정확하든 아니든 그냥 비슷하다고 생각하면서 사는 것도 괜찮게 느껴진다. 그런데 현재 동료들이나 자주 만나며 이렇게 저렇게 교류하는 사람들에게 내가 원래는 '극 I(내향형)'였다고 말하면 믿을지 모르겠다. 아니, 절대로 안 믿을 가능성이 크다. 지금은 누가 보아도 완벽한 '극 E'니까……

고백하건대, 초등학교 시절에는 발표가 너무 싫어 순서가 다가오면 어디로든 숨으려 했다. 학교를 안 가는 방법을 써서라도 피하고 싶었다. 지나가는 사람이 말을 걸거나 하면 대답하기가 쑥스러워 얼른 자리를 피했고, 동네 슈퍼 아주머니한테 인사도 못 해 슈퍼 심부름은 모두 동생에게 시킬 정도였으니 말해 무엇할까. 그런데 궁금은 했는지 동생이 돌아오면 "효성슈퍼 아줌마가 뭐래?"라며 꼬치꼬치 캐묻곤 했고, 동생은 "왜 매번 그걸 물어봐. 그럴 거면 다음부터는 형이 가"라며 화를 냈다. 게다가 수화기 너머로 누구와 통화하는 것조차 부끄러워 혼자 있을 때는 아무리 벨이 울려도 전화를 받지 않았다. 마음이 약한 데다 혼자 영화 볼 때나 빗소리와 음악이 어우러지면 청승맞게 눈물까지 흘리곤 했다.

그렇게 더없이 찌질하고 소심했다. 어른들에게 '남자답지 못한 계집애 같은 놈'이라는 속된 말을 자주 들었다. 그런데 말이다. 지금은 누구한테든 내가 먼저 말을 걸고, 처음 보는 사람하고도 몇 시간씩 수다를 떤다. 회사 근처나 사는 동네 소상공인 자영업자 사장님들하고도 누구 없이 모두 친하게 지낸다. 심지어 식당 종업원들의 가정사까지 줄줄이 꿰뚫는다.

　또한, 나름 강인해지기도 했다. 분별력이 생겼다고나 할까. 괜히 사사로운 것들에 마음 쓰지 않으며 가짜와 진짜를 구분하려 노력한다. 훈련을 통해 냉정하게 판단하는 방법도 길렀다. 예전 같으면 거절 못 했을 일도 지금은 서로를 위해 거절한다. 그게 결국에는 좋은 결과를 가져온다. 솔직히 말하면, 아직 마음이 약하고 정 때문에 신경이 쓰이는 본래의 성격, 그 본질이 말끔히 사라진 건 아니지만 그래도 많이 바뀐 건 사실이다.

　어릴 적부터 지금까지 내가 해본 일을 언뜻 떠올려보니 50여 가지가 넘는다. 초등학교 3학년 때 시작한 신문 배달을 필두로, 5~6학년 때는 떡을 떼와 지하철역 앞에서 팔기도 했다. 중학교 때는 방과 후 짜장면 배달, 군고구마 판매 등 여러 일을 했으며, 성인이 된 후에는 편의점 아르바이트를 비롯해 아웃바운드, 인바운드 등 텔레마케팅 일도 했다. 건설현장 막노동, 전단지 배포 알바 등 투잡, 쓰리잡을 기본으로 탑재하고 살았다. 또 개척 영업, 건강식품 판매, 보험 세일즈 등 많은 영업 일에 몸을 담았는데, 그러면서 성격이 변하기 시작했다. 처음에는 상품을 보러 온 사람한테조차 말을 못 걸고 쭈뼛쭈뼛했지만 지금은 길거리에서 지나가는 사람한테 생수를 팔라고 해도 완판할 자신이 있다.

그랬다. 내 성격이 바뀐 건 변화시키려는 마음에 경험이 더해지면서 가능했다. 많은 경험은 이처럼 성격을 변화시키는 데 결정적 역할을 한다. 수십 가지 일을 하면서 겪은 경험은 나를 발전시켰고 적극적인 성격으로 변화시켰다. 일의 경험을 통한 성격의 변화가 인생을 변화시킨 것이다. 적어도 세일즈나 사업을 하는 지금의 나한테는 어릴 때 성격보다는 지금의 성격이 훨씬 유리하며, 나는 이 성격에 만족한다.

그런데 신기한 게 있다. 평소에는 '극 E'의 성격으로 살다가도 아주 가끔은 어릴 적 성격과 마주칠 때가 있다. 이상할 정도로 갑자기 쑥스럽고 부끄럽거나 이유 없이 하기 싫어지기도 하는데, 그럴 때면 솔직히 나도 당황스럽다. 타고난 기질이 완벽하게 사라지는 건 아니라는 생각이 든다. 그래도 뭐 어쩌겠나. 그게 내 싫인 것을…….

그대들도 많은 경험을 해보길 바란다. 성격이 지나칠 정도로 소심하고 내성적이라도 경험을 통해 충분히 바뀔 수 있다. 극 소심쟁이인 나도 바꾸었는데 그대들이라고 못할 건 없다. 물론, 반대로 조금은 차분하고 조용한 성격으로 바꾸고 싶은 사람도 있을 것이다. 그렇다면 명상이나 묵상 등을 루틴으로 삼아 지속해보자. 바꿀 수 있으리라 확신한다.

성격은 나처럼 'I'에서 'E'로 변할 수 있고 'E'에서 'I'로도 변할 수 있다. 나 스스로 그런 성격이라 정의하고 무의식에 그렇게 탑재하고 살다 보면 경험을 통해 어느새 그 성격대로 살고 있는 자신을 보게 된다. 우주에 사는 인간은 그런 것 같다. 끝없는 수정과 보완의 반복인 인생에서 그대들의 삶은 그대들 스스로 창조해야 한다. 남 의식하지 말고 내 인생을 살자. 주인공은 언제나 나다.

'쥐려는 사람'에서
'나누는 사람'으로

앞서 말했듯 나는 소심한 성격의 소유자였다. 게다가 이기적이기까지 했다. 말 그대로 가지가지 했다. 생각해보면 환경의 영향이 크지 않았나 싶다. 부모님 이혼 후 여기저기 떠돌이 생활을 하며 얹혀살 때가 많다 보니 내 것이라고는 없었다. 내 것을 갖고 싶었다. 무엇이는 내 것이라고 주장했고, 배려보다는 나를 우선했다. 하지만 타고난 소심성으로 인해 남에게는 절대 티를 내거나 피해를 주지는 않았다.

문제는 가족에 대한 태도였다. 동생 것도 내 것이고 내 것도 모두 내 것이었으니 얼마나 화가 났을까? 그런데도 동생은 나에게 한 번도 항의하거나 달려든 적이 없었다. 몇 가지 안 되었지만, 그렇게 전부 내가 가지려 했고 모든 것들을 나를 중심으로 생각했다. 그랬었다. 그래서 하나밖에 없는 동생에게 너무나 미안하다.

하지만 지금은 너무 퍼준다고 욕을 먹는 지경의 리더가 되었다. 회사 식구들이 나만 보면 그만 좀 퍼주라고 잔소리하기 일쑤다. 왜 이렇게 되었을까? 나는 원래 이기적인 사람일까, 이타적인 사람일까? 아무리 고민을 해봐도 답을 찾을 수가 없다. 내 것으로 소유하고자 하는 이기심도 있는 반면, 이타적으로 남에게 베풀고 나눠주기도 한다. 둘 다 나다. 그런데 나눠주는 데서 오는 만족감이 훨씬 더 크다.

왜 이렇게 변했을까? 내 안에는 결국 '주는 것이 받는 것'이라는 어쩌면 얄팍해 보일 수도 있는 심리, 순수한 마음으로 주는 게 아니라 많이 주면 마침내 돌고 돌아서 내가 받는다는 본질적으로 이기적인 가치관이 작동하고 있는데, 그것이 변화의 시작이었다. 일종의 깨달음이든, 경험에서 비롯되었든, 아니면 배운 것이든 이런 마인드를 장착하면서 나는 나누기 시작했다. 그리고 많이 주다 보니 물질로든 마음으로든 실제로 많이 받는다. 한동안은 '나는 10을 주었는데 왜 쟤는 나한테 1밖에 안 주지? 아니, 왜 1도 안 주지?' 하는 보상심리가 발동해 마음이 비뚤어지고 뾰족해지기도 했는데, 당시에는 정말 뭐에라도 체한 듯 가슴이 답답하고 괴로웠다.

그래서 지금은 그냥 준다. 그게 내 마음이 훨씬 편하다. 뭔가 주고 싶은 사람이나 꼭 줘야 할 사람들에게는 아무런 대가나 바람 없이 그냥 준다. 1도 기대하지 않는다. 그 만족감과 기쁨도 결국 이기심의 발로일지 모르지만 그래야 내가 좋다.

지구가 돌 듯 인생도 순환이다. 우리 몸 구석구석을 도는 피가 순환을 멈추면 어떻게 될까? 심장이 멈춘다. 존재하는 모든 것들은 이처럼 '순환'하고 있으며, 순환해야 한다. 그런 이유로 나도 적지만 내가 가진 것들을 순환시키려 한다. 돈도 쌓아두기만 하면 아무런 가치를 발휘하지 못한다. 쓰고 순환시켜야 우리네 살림도, 나라 경제도 부흥한다. 그러니 어찌 내가 가진 것들, 내 생각을 순환시키지 않으랴. 게다가 눈덩이가 불어나듯 더 크게 쌓여서 돌아오는데 말이다.

물론, 어떤 것은 순환 도중에 커지지 못하고 쪼그라들거나 소멸도 되겠지만 신경 쓸 필요 없다. 주는 기쁨을 느끼기 시작하는 순간 일말의 상처조차 사라져 버릴 테니까! '기비(giver)'의 삶을 지향하는 것은 아니다. 나는 그런 경지에 오르지 못했을 뿐만 아니라 아직은 그렇게 너그러운 사람도 못 된다. 지금 나의 나누기는 그저 줄 때 느끼는 소소한 기쁨에 배시시 웃는, 그대들도 가진 것을 순환시켜 보면 알게 되는 만족감 정도의 얄팍한 수준이다.

생뚱맞을지 모르나 나는 '사랑'이라는 말을 가장 좋아한다. 그 감정 나누기를 좋아한다. 사랑은 돈 안 들이고 줄 수 있는 몇 안 되는 것 중 하나다. 남부끄럽고 오글거리기도 하지만 그래서 주위 사람들에게 '사랑한다'는 말을 자주 한다. 인간이라면 느끼는 '사랑'이라는 감정은, 아직도 내 머릿속에서 명확하게 정의할 수는 없지만, 말하는 순간 오묘하게 다가온다. 꼭 연인 사이가 아니더라도, 내가 소중하게 생각하는 사람들에게 자꾸 이 말을 하다 보니 나조차도 스스로 '사랑'하게 되었다.

어차피 한 번 사는 인생, 불필요하고 어두운 감정에 시간 뺏길 시간에 힌 번 더 '사랑한다'고 말하자. 그러면 마음이 행복감으로 가득찬다. 갑자기 소심한 이기주의자에서 '사랑' 타령이라니 이상한가? 이조차도 우주의 알고리즘이 작용했기 때문이라고 생각한다. 마음속으로는 충분히 사랑하고 있는데 말이 안 나온다고? 그건 그대들의 마음일 뿐 아무도 알지 못한다. 당장 부모, 친구, 동료 등 관계를 맺고 있는 사람들에게 '사랑한다'고 표현하자. 더불어 나도 행복해지자.

나는 앞에서 말한 마이 리더에게 사랑한다는 말을 자주 한다. 그분은 아마 남자들끼리 이런 말을 주고받기가 오글거려 싫었을지도 모른다. 그런데도 카톡으로 자주 말씀드리고, 심지어 매월 보내는 월간계획서에도 마지막에 '사랑한다'고 고백(?)하다 보니 그분도 언젠가부터 나에게 사랑한다고 말하기 시작했다. 게다가 그 말이 인상적이고 좋았다고까지 말씀하셨다. 사랑은 그런 것이다. 말하는 순간 서로를 행복하게 만들어주는 것!

어떤 사람에게는 작고, 누군가에게 클 수도 있는 조직의 리더로 살아가는 중인 나는 모든 사람이 리더가 될 수도 없지만 리더가 될 필요도 없다고 생각한다. 다들 각자의 자리에서 빛나는 존재로서 역할들을 하면 된다. 단, 리더든 아니든 많이 주고받았으면 좋겠다. 인색하게 살기보다는 주고받으며 밝고 풍요롭게 사는 게 훨씬 더 폼나는 인생이다.

어차피 한 번 사는 인생.
불필요하고 어두운 감정에 시간 뺏길 시간에
한 번 더 '사랑한다'고 말하자.
그러면 마음이 행복감으로 가득찬다.

'명품도 짝퉁'에서 '보세도 명품'으로

나는 새삥

모든 게 다 새삥

보세 옷을 걸쳐도

브랜드 묻는 DM이 와

-지코의 〈새삥〉 중에서

혹 재수 없게 들릴지 몰라도 요즘 내가 보세 옷을 입고 다녀도 명품인 줄 알고 브랜드와 가격을 묻는 사람들을 종종 만난다. 여기서 잠깐! 보세 옷이 뭔지 아는가? 경공업으로 먹고 살던 1970년대에 생긴 말이다. 해외에서 고급 원단을 수입해 국내에서 옷을 만들어 다시 수출하던 그때, 수입할 때 내야 하던 관세를 수출할 때 내도록 허용해 준 게 바로 '보류관세'

의 준말인 보세다. 그런데 당시 그 수출용 옷의 태그(tag)를 떼고 몰래 동대문 시장이나 이태원에서 싼 가격으로 판매하면서 '보세 옷은 가격 대비 품질이 좋은 옷'으로 인식되기 시작했다. 그리고 요즘은 브랜드가 없거나 알려지지 않은 질 좋은 옷들을 보세 옷이라고 부른다.

하지만 늘 보세 옷만 입는 건 아니다. 아주 간간이 명품도 입는다. 10년이 넘는 동안 비싼 옷이라고는 거들떠보지도 않았던 나에게 주는 선물이다. 그런데 명품 옷을 입으나 보세 옷을 입으나 남들 눈에는 별로 달라 보이지 않나 보다. 보세 옷으로의 하향 평준화가 아닌 명품으로의 상향 평준화라니 이 얼마나 기분 좋은 일인가! 나의 가치가 상승하니 무엇을 입든 옷마저도 그렇게 보이는 듯싶다. 가치가 주는 착시현상이라고나 할까?

사실, 20대 중후반 세일즈로 돈 좀 벌었다고 나대며 까불었을 때, 나름 명품을 두르고 다니긴 했다. 지금 생각해보면, 남들 눈에 그때는 십중팔구 명품도 짝퉁으로 보였을 텐데…… 겉멋만 잔뜩 든 허세 그 자체였으니 말이다. 다시 떠올려봐도 창피하고 아찔하다. 그래도 그 또한 내 과거이자 짧은 필름 중 하나이니 뭐 어쩌랴. 그마저 아름답게 기억해야지.

올해 엄마 생신 때 난생처음 백화점에 가서 흔히 말하는

'명품백'을 사드렸다. 여자들의 '명품백'에 대해 잘 몰랐던 터라 예상했던 가격보다 훨씬 비싸 순간 표정 관리가 안 되긴 했으나 다행히 알아챌 정도는 아니었다. 머릿속에서는 잠시 갈등했지만 먹고살 만하게 된 장남이 사준다고 호언장담했는데, 속칭 가오가 있지 모시고 가서 철회할 수는 없었다. 티 내지 않고 그냥 사드렸다. 그리고 내 생전 엄마가 그렇게 좋아하는 건 처음 보았다. 명품백 때문이 아니라 대견한 아들 때문이었음을 모르는 바 아니어서 내가 더 행복했다. 자본주의 사회는 냉정하면서도 위대한 것 같다는 생각이 들었다. 아무튼, 핸드백 하나로 나는 엄마한테 행복을 선물했다.

그대들은 '명품'을 좋아하는가, 싫어하는가? 사치라는 생각에 멀리하는 사람도 있을 테고, 너무나 갖고 싶어 안달이 나는 사람도 있으리라. 아이러니한 건 10년, 20년 전과 비교했을 때, 일반적인 브랜드의 옷은 많이 오르지 않았는데 명품은 값이 몇 배나 뛰었다는, 그런데도 백화점 명품매장에는 긴 줄이 늘어선다는 사실이다. 뉴스에서는 연일 경제가 어렵다고 떠들어대고 있는데 말이다. '명품'은 말 그대로 명품이다. 그만의 스토리와 희소성으로 연일 가치가 상승한다.

명품, 호캉스, 맛있는 음식, 럭셔리한 차……. 경제적으로 여유만 있다면 누구나 갖고 싶고 누려보고 싶은 것들이 하나쯤은 있을 것이다. 만약, 지금 그것을 누릴 상황이 아니라면 우선 간접경험을 해보자. 아이쇼핑도 좋다. 백화점 명품숍에 가면 교육을 잘 받은 직원들이 온갖 친절을 쏟아가며 안내한다. '대접'받는다는 느낌을 확실히 받는다. 드림카 매장에 가서 '시승'도 해보자. 그 같은 '간접경험'을 통해 존중받는 기분을 마음껏 누려보자. 나의 미래라고 생각하고 미리 '경험'해보자. 그리고 그 느낌과 감정을 가슴속 깊이 새기자. 그 또한 내가 '성공'을 해야 하는 위대한 동기부여 중의 하나가 될 테니…….

혹시나 반대되는 감정이 생길 수도 있다. 너무 비싼 가격에 입이 떡 벌어지면서 '도대체 왜 이런 걸 사는 거지?' 하는 생각이 들고, 현실과 동떨어진 이질감에 화가 날지도 모른다. 그래도 경험해보기를 추천한다. 현저한 이질감과 함께 그런 삶을 원하지 않는다는 게 확인되면 다시는 비싼 물건을 쳐다보지 않게 될 테니 그 또한 좋지 않은가. 경험하고 느껴봐야 자신과 맞지 않는다는 걸 알 수 있다. 반면, 평소 나하고는 거리가 멀다고, 싫다고 생각한 것들도 '경험'하고 나면 바뀔지도 모른다.

명품을 한번 사보라. 사치를 조장하는 게 아니다. 어떤 목표를 설정하고, 그 목표에 도달했을 때 본인에게 주는 선물은 더 큰 동기부여로 작용한다. 또 자신감이 생기고, 내 가치가 상승하는 기분도 느낄 수 있다. 합리적인 소비, 근검절약, 악착같은 저축 모두 중요하다. 그런데 의미 있는 소비 또한 그에 못지않게 중요하다. 그 소비는 그대들 인생에서 깊이 기억될 것이다.

과거의 나는 매사에 자신감이 없고, 뭔가를 할 때도 '나는 왜 안 될까'라는 생각에 갇혀 살았다. 반면, 지금은 당장 사업이 풍비박산 나 알거지가 된다고 해도 무조건 다시 성공할 수 있다는 확신에 차 있으며, 결과로 하나씩 증명해 나간다.

인생은 증명의 연속이다. 열심히 살았다거나 최선을 다했다는 말은 모두 자기만의 주관적인 생각일 뿐이다. 심한 말일지 모르나 결과로 증명 못 한 '열심히'는 다른 사람들 귀에는 투정으로 들릴 수 있다. 중요한 건 증명이다. 사람들은 결과를 증명한 사람의 과정만을 궁금해할 뿐 실패한 사람의 과정은 그 누구도 알려고 하지 않는다. 그러니 힘들다고 술 먹고 넋두리할 시간에 좀 더 일하고 증명하자. 그런 술자리는 아무 의미도 없이 그냥 휘발될 뿐만 아니라 주위 사람들에게 안 좋은 기운만 전한다. 그대들의 가치만 떨어뜨린다.

술 이야기가 나왔으니 말인데, 나는 애주가다. 기분이 좋든 좋지 않든 마실 때가 많다. 뭐, 보통은 매일 기분이 좋으니 매일 축배를 드는 편이다. 하지만 아무리 술을 마셔도 다음 날 새벽 4시 전후에는 일어난다. 자동이다. 아직은 건강에도 이상이 없다. 기분 좋게 마시고, 다음 날 일에 지장 없고, 건강을 유지할 수 있다면, 그런 자기 통제가 가능하다면 술은 좋은 벗이자 살아가는 데 꼭 필요한 도구가 될 수 있다. 그런데 만약 술을 통제하지 못하고 주사를 부린다거나, 다음날 시체가 될 정도로 뻗어 못 일어난다거나, 기분 안 좋을 때 마시면 싸움을 건다거나 하면 절대로 마셔서는 안 된다. 그런 사람은 명품을 입어도 짝퉁으로 보인다.

  명품을 입든 보세 옷을 입든 사람이 빛나면 옷도 같이 빛나는 게 사실이다. 우리가 흔히 말하는 '아우라'나 말하지 않아도 풍기는 몸에 밴 우아함 등은 하루아침에 '뿅' 하고 만들어지지 않는다. 자기 삶에 최선을 다하며, 스스로에 대해 떳떳하고 자신감이 생길 때부터 나타나는 '빛'이다. 그대들도 짝퉁을 입어도 명품으로 보이는, 가만히 있어도 빛이 나는 진짜 명품 인생을 만들어가길 진심으로 소망한다.

CHANGE FIVE
: 변화의 치트키

> 그토록 뜨겁던 지하 현장에서
> 3년 동안 부딪히며 깨달은 것 중 하나가
> 바로 '사람'이다. 사람한테 잘하면
> 반드시 좋은 일이 돌아온다.

사람을
진심으로 대하기

40년 인생 중 30년 이상을 지하 아니면 반지하에서 살았다. 그래서 내 몸은 지하 특유의 냄새와 습한 공기에 익숙하다. 그런데 지하에 자리한 집에서 살더라도 일까지 지하에서 하게 될 줄은 미처 몰랐다. 적어도 그때까지는 말이다. 하지만 장남인 나로서는 어쩔 도리가 없었다.

강남의 한 호텔 나이트 클럽. 우리나라에서 가장 장사가 잘된다는 그곳에서 웨이터 보조로 일을 시작했다. 서빙, 부킹, 청소, 잡일 등 클럽 운영에 기본적이고도 필수적으로 해야만 하는 잡다한 일들의 처리가 내 임무였다. 오후 5시 출근인데, 순번제로 돌아오는 당번 순서가 되면 한 시간 전인 4시까지 가서 미리 이곳저곳 정리를 해두어야 한다. 그리고 밤을 꼬박 새워 일한 후 보통 아침 6~7시 정도에 퇴근하는데, 주말에 손님들이 쏟아질 듯 들어오면 12시간 넘게 일하는 동안 채 몇 분도 엉덩이를 의자에 붙이지 못하고 여기저기 뛰어다녀야만 한다. 밤 12시에서 새벽 1시 사이 주방에서 밥을 먹을 때도 선 채로 철판 위에 놓인 밥과 반찬을 입에 쑤셔넣듯 퍼먹어야 했다. 하필 그 시간에 손님이 몰리는 바람에 밥조차 제대로 먹지 못하고 동분서주한 적도 부지기수다.

술값이 비싼 호텔 나이트 클럽이라 그런지 손님들 대부분이 돈이 많아 보였는데, 그들이 화려한 조명 아래 신나게 몸을 흔들며 흥에 겨워 소리를 지를 때 나는 집안 빚을 갚기 위해 그곳에서도 가장 낮은 직급인 웨이터 보조로 일을 했다. 머릿속에서는 매일매일 만감이 교차했고, 가슴속에는 성공을 향한 독기가 조금씩 조금씩 쌓여갔다.

적응 기간이었던 클럽에서의 1년 동안 함께 일하는 사람들 대부분과 친해졌다. 바쁜 와중에 잠시라도 틈만 나면 같이 수다를 떨던 매점 이모님들은 자리를 비울 때면 그 많은 스태프 중에서도 내게 매점을 봐달라고 부탁했고, 청소 이모님들과는 무거운 짐을 옮길 때면 종종 들어다 주면서, 바를 담당하는 실장님과는 수시로 농담을 주고받으며 돈독해졌다. 그렇게 수백 명이 넘는 스태프와 웨이터, 웨이터 보조 동료들과 좋은 관계를 유지했는데, 주방장님은 비쩍 마른 데다 밥도 잘 못 먹는 나에게 자주 음식을 챙겨주었고, 보조들을 관리하는 보조 대장 총무 형은 본인도 집안 사정 때문에 일을 시작했다는 이유에서 비롯된 동질감으로 나에게 특히 더 관심을 두고 하나라도 더 챙겨주려 했다.

좋은 인간관계 때문이었는지 나는 1년 만에 웨이터 보조에서 웨이터를 해보라는 제안을 받았다. 웨이터 보조는 수입이 지극히 안정적이었다. 월 4, 5백만 원 정도는 벌 수 있었고, 성수기 때는 잘하면 1천만 원 이상씩 벌 때도 있었으니 꽤 괜찮았다. 하지만 웨이터는 자기만의 손님이 클럽에 와야 돈을 벌 수 있는 영업의 영역이라서 못하면 아예 한푼도 못 가져갈 수 있었다. 갚아야 할 집안 빚에 쪼들리는 나에게 안정적인 수입이 보장되지 않는 웨이터는 큰 도전이었다.

하지만 나는 망설이지 않았다. 1년 동안 일하면서 그만두고 떠나는 보조 또는 웨이터들의 손님 명단을 차곡차곡 모아두었기 때문이다. 어차피 업계를 떠나는 동료들에겐 필요 없었으므로 두루두루 관계가 좋았던 나에게 자기들의 수입원이었던 명단을 흔쾌히 건네주었는데, 그 명단이 내가 웨이터에 거리낌 없이 도전할 수 있는 발판이었다. 그 후 보조 때부터 성실하게 일하던 나를 좋게 보았는지 당시 20년이나 업계에 몸을 담고 있었던, 현장에서 손을 떼고 클럽 관리만 하시던 부사장님이 나에게 손님을 몰아주기 시작했다. 그러면서 나는 더 이상 초저녁에 강남역 일대로 손님을 끌러 나가는, 속칭 삐끼를 하지 않아도 되었다.

그곳은 몇백 명이 수백 평 호텔 지하를 매일 발이 닳도록 뛰어다니는 정글이었다. 동료이기도 했지만, 거리에서 또는 지명 웨이터가 없이 클럽에 들어오는 사람들을 먼저 자신의 손님으로 유치해야 하는 경쟁자이기도 했다. 정말이지 너무나 치열했던 그 현장에서 나는 만인에게 좋은 사람은 아니었지만 최대한 적을 만들지 않으려 노력했고 '사람'을 진심으로 대했다. 그랬더니 반대로 많은 사람이 도움을 주었다.

사실, 그때뿐만이 아니다. 미래를 위해 전략적이거나 의도적으로 관계를 맺은 건 아니었지만, 그분들은 내가 지금의 일을 할 때도 큰 도움을 주었다. 심지어 클럽 앞 편의점 사장님도 나를 기억하고 편의를 많이 봐주셨다. 결국, '사람'이었다. 그들한테 잘했더니 내가 필요할 때 그들이 두 손 두 발 다 벗고 나서서 나를 도왔다.

그토록 뜨겁던 지하 현장에서 3년 동안 부딪히며 깨달은 것 중 하나가 바로 '사람'이다. 사람한테 잘하면 반드시 좋은 일이 돌아온다. 이 말은 나에게는 진리가 되었다. 지금의 회사에서도 함께 일하는 '사람'을 최우선으로 생각하며, 제일 먼저 그들에게 최선을 다하려 노력한다. 아직 한참 부족한 리더지만 거짓말하지 않고 솔직하고 투명하게 운영하려 한다. 그만둔 동료들과도 좋은 관계를 유지할 뿐만 아니라 과거, 현재, 미래의 모든 사람에게 잘하려고 애쓴다. 그게 지하에서 배운 내 삶의 정수다. 나는 사람이 좋다!

사소한 경험도
소중히 여기기

　　초등학교 3학년 때 시작한 신문 배달이 나의 첫 사회생활이었다. 가물가물하지만 보급소 사장님의 첫인상, 이렇게 어린 꼬맹이가 이 힘든 일을 할 수 있겠냐는 반신반의에 가득 찬 그 표정에 겁을 먹고 바짝 얼었던 기억이 있다. 하지만 막상 일을 하고부터는 인자한 모습으로 친절하게 가르쳐주셨던 기억도 어렴풋이 떠오른다.

　　첫 세일즈는 지하철역 앞에서 떡을 팔던 일이었다. 인생을 통틀어 처음 하는 영업 업무였다. 실은, 내가 영업을 했다기보다는 어린아이가 역 앞에서 떡을 팔고 있으니 다들 동정심에 사주었다는 게 맞을 것이다. 하지만 사람의 마음을 움직여서 지갑이 열게 만드는 건 당연지사로, 동정심도 세일즈 기술 중 하나이니 뭐 그것도 영업이긴 하다. 중학교 때는 친구들과 동네에서 군고구마를 팔기도 했는데, 그 또한 추운 겨울 어린 학생들이 손발을 동동거리며 팔고 있으니 안타까운 마음에 지나가던 동네 어른들이 사주셨던 동정심 유발 세일즈였다. 그러고 나서는 중국집 배달원, 편의점 캐셔, 호프집에서의 서빙 등 일반적인 아르바이트는 대충 다 섭렵했는데, 그런 알바들을 통해 내가 사회생활에 꼭 필요한 양념 같은 센스들을 차곡차곡 몸에 탑재하지 않았나 싶다.

출입문 옆에 인형 뽑기 기계를 설치해 둔 편의점에서 알바를 할 때였다. 야간에 일했던 터라 손님이 뜸한 늦은 밤 인형을 뽑는 사람들이 있으면 옆에서 같이 호응하고 응원도 했다. 아무런 의도 없이 그냥 심심해서 그랬을 뿐인데, 단골손님들이 가끔 담배도 사주고, 간식도 사주고, 심지어 팁처럼 현금으로 용돈을 주기도 했다. 뿐만 아니라 나름의 기억력으로 손님들이 어떤 담배를 달라고 하기 전에 그가 피우는 담배를 먼저 말하며 꺼내주면 그렇게들 좋아하곤 했다.

또 각종 텔레마케팅 일도 했다. 홈쇼핑 상담원부터 핸드폰, 보험, 부가 서비스 가입 등 고객을 설득하는 아웃바운드 업무까지 안 해본 게 없을 정도다. 당시에는 그러한 경험들이 나중에 나한테 도움이 될 것이라고는 생각조차 못 했는데, 결국 보험 일을 할 때 큰 도움이 되었다. 보험 영업의 첫인사는 전화다. 전화로 고객과 약속을 정하는 게 기본 업무인데, 텔레마케팅 알바로 다져진 나에게는 고객과 전화로 미팅 약속을 정하는 일이나, 거절하는 고객을 설득해 다시 만나게 만드는 스킬이 자연스럽게 장착되어 있었다. 게다가 목소리의 강약이나 톤 조절 등의 기술들까지 겸비했으니 말해 무엇하겠는가.

 사실, 과거에 텔레마케팅 일을 할 때는 너무 지겨웠고 재미가 없었다. 날씨에 영향을 안 받고 실내에서 하는 데다 성과에 따라 인센티브를 받을 수 있는 구조라서 선택한 것뿐인데, 지금 하는 일에 도움이 되니 경험은 참 하나도 버릴 게 없다는 생각이 든다.

 보험 일을 잠시 쉬고 약 7~8개월 정도 수도권 여기저기로 근무지를 자주 옮겨 다니며 야외에서 건강식품 아로니아베리즙을 판매한 적이 있었다. 이 또한 일당 더하기 인센티브제라 나만 잘하면 더 많은 돈을 벌 수 있을 것 같아 시작한 일이었다. 하지만 길거리에 현수막을 치고 한 박스에 396,000원이나 하는 상품을 팔기는 생각만큼 쉽지 않았다. 먼저 선배들의 판매방식을 유심히 관찰한 나는 마침내 3개월째에 1등을 했다. Y대학교 브랜딩으로 나온 상품이라 예비 고객 앞에서 가끔은 Y대 학생 콘셉트로, 때로는 Y대 교수라도 빙의한 듯 설명을 했는데, 지켜보던 동료들이 그런 내 모습에 터져나오는 웃음을 꾹꾹 눌러 참다가 팔고 나면 배꼽을 잡기도 했다.

또 얼마나 끈질겼는지, 한번은 지하철 선릉역 승강장 바로 앞에서 얼마간의 임대료를 미리 내고 자리를 점유하는 속칭 깔세 형식으로 판매할 때였다. 고객들이 설명을 잘 듣고 사려고 마음먹었다가도 지하철이 들어오면 그대로 타고 가버리는 바람에 화가 날 지경이었다. 오기가 생긴 나는 고객이 지하철을 탈 때 따라 올라 설명을 계속 이어갔다. 깜짝 놀라 당황한 고객이 바로 구매했고, 임무를 완수한 나는 유유히 지하철 몇 정거장을 되돌아왔다. 그리고 최단기간에 매니저로 승진했다.

최근에는 불과 100일 정도 운동하고 보디 프로필을 찍었다. 헬스를 제대로 배워본 적도 없는 내가 트레이너에게 별도의 코치도 받지 않고 그냥 매일 오전 운동만으로 몸을 만들었다. 식단도 관리하지 않았다. 음주도 즐겨하는 걸 본 수위 사람들이 정말 신기하다며 놀라워했다. 완벽한 몸은 아니었지만, 그래도 찍을 수 있는 정도가 되었던 건 아마도 20대 때 택배 상하차, 막노동 등 생활밀착형 알바들을 하면서 붙었던 근육들이 숨어 있다 드러난 게 아닌가 싶다. 몸 쓰는 일을 했던 경험도 그렇게 삶의 어느 순간 도움이 되었다.

또다시 이야기하지만, 인생은 배움의 연속이다. 비록, 지금은 하찮다고 생각되는 일일지라도 도움이 되는 때가 온다.

경험하지 않으면 절대 느낄 수 없는, 산 경험이 주는 배움이 있다. 당시에는 피곤하기도 했고, 하기 싫기도 했으며, 생계를 위해 어쩔 수 없이 해야만 했던 일들이라 답답하기도 했지만, 결국 그 경험이 지금의 나로 성장시켰다.

미래를 위한 저축이라 생각하고 무엇이든 해보면 그 경험들이 축적되어 나중에 그대들의 분야에서 전문성을 발휘할 때 반드시 도움을 준다. 그러니 아직 자리를 잡지 못했거나 무엇을 해야 할지 몰라 방황하고 있다면 일단 할 수 있는 알바부터 해보자. 그리고 무엇인가 행동하고 있다면 그것을 소중히 여기고 감사하자. 그 움직임이 마침내 창대한 결과로 돌아올 것이니!

인생은 배움의 연속이다.
비록, 지금은 하찮다고 생각되는 일일지라도
도움이 되는 때가 온다.

1등 해보기

1등을 해본 적이 있는가? 없다면 꼭 한 번 해보길 바란다. 아주 사소한 일이라도 괜찮다. 한 번만 경험해보면 자동반사적으로 1등을 계속 유지하려고, 떨어졌다면 다시 1등을 탈환하려고 몸과 마음을 움직이게 된다. 그것만큼 강력한 동기부여는 없다. 정상의 공기를 맛보면 다시는 내려가기 싫다. 물론, 2등도 훌륭하고 3등도 아름답다. 하지만 세상은 1등만 기억한다. 오죽하면 개그 프로그램에서 나온 "1등만 기억하는 더러운 세상"이라는 말이 유행했을까. 안타깝지만 그게 대한민국의 현실로, 야박한 소리일지 모르지만 1등 외에는 사람들의 기억 속에서 사라진다.

나는 고등학교 3학년 때 공부로는 처음이자 마지막으로 전교 1등을 해보았다. 학창시절 공부는커녕 학업조차 별로 흥미가 없었는데, 왠지 졸업 전에는 1등을 한번 해봐야겠다는 뜬

금없는 생각에 벼락치기를 했고, 그만 달성해버렸다. 그때 이후로 아직도 고등학교 친구들 눈에 나는 전교 1등이라는 콩깍지가 씌어져 있다. 그저 한 번 했을 뿐인데 말이다. 그것에서 나는 알았다. 내가 어떤 분야에서 한 번이라도 정점을 찍어두면 주변 사람들에게는 그 기억이 아주 오래도록 남는다는 사실을!

1등의 추억은 1등에 대한 중독으로 발전했다. 진득하지는 않았으나 텔레마케팅 업무를 할 때도 여러 번 MVP를 달성했고, 사소한 아르바이트를 하더라도 눈에 띄게 일했다. 앞서 말했듯 건강식품을 팔 때도 실적 1등을 자주 기록해 최단기간 승진도 했다.

리서치 아르바이트를 할 때였다. 20~30대 여성들에게 파티에 초대한다는 명분으로 몇 가지 정보와 함께 설문을 받아오는 일이었는데, 건당 인센티브에 시간과 장소에 구애받지 않는 일이라서 투잡, 쓰리잡을 뛰어야 하는 나에게 딱 맞았다. 강남역 인근을 돌아보던 나는 나름 특유(?)의 전략으로 3~4시간 만에 약 100장 정도를 받아왔다. 결혼정보업체인 그 회사는, 대부분의 알바생들이 보통 2~30장이면 많이 받아오는 편인데 많아도 너무 많으니 아무한테나 가서 허위로 막 써온 게 아닌지 의심할 정도였다. 그런데 며칠 동안 연속해서 그렇게 받아오니 인정할 수밖에!

　알바였지만 나는 바로 팀장으로 임명되었고, 얼마 지나지 않아서는 내 이름으로 사업자등록을 하고 그 회사와 업무협약을 맺은 후 파트너로서 본격적으로 일을 시작했는데, 설문에 답하는 사람들에게 친근하게 다가가는 시스템을 만든 후 아르바이트생 20~30명을 뽑아 강남역 일대에서 행사하듯 설문을 진행해 혁혁한 성과를 거두었다. 단순한 알바라도 1등을 찍으면 사업으로 확장될 수 있다는 사실을 알게 된 경험으로, 이 일은 결혼정보업체 말고도 내형병원 등 다양한 회사와 업무를 제휴하면서 점점 더 커져만 갔는데, 교만한 마음에 이 일 저 일 병행하면서 잘되던 사업에 위기가 찾아왔고, 그만 깃발을 내려야 했다.

　리서치 사업을 하기 얼마 전, 공황장애를 앓던 나는 방에 처박혀 주야장천 게임만 해댔다. 플레이스테이션 게임을 주로 했던 어릴 때는 특히 '위닝일레븐'이라는 축구게임을 좋아했는데 (지금은 피파를 많이 하지만) 그 위닝일레븐이 PC버전으로 온라인게임으로 출시된 그때, 기필코 거기서도 게임 전체에서 1등을 했다. 당시 함께 게임하던 사람 중에는 아마 내 닉네임 '스마일땡마'를 아직까지 기억하는 분이 있을지도 모른다. 삶이 무료하고 허전했던 시기라서 그런지 그것에 더 집착하고 몰두했던 것 같다.

그 게임을 통해 '윤성민'이라는 친구도 만났다. 위닝일레븐에서 1등을 한 후 나는 사업을 하면서도 간간이 게임 방송에도 나갔는데, 부산에서 살고 있던 그와는 길드에서 만나 그 방송에서 게임도 하고 오프라인 모임도 하면서 친해졌다. 그러던 어느 날, 방송을 마치고 잠시 위에서 언급한 리서치 사업 이야기를 꺼냈더니 성민이는 잘 다니던 회사를 그만두고 강남으로 올라와 내 일에 동참했다. 하지만 잘되던 사업이 내 잘못으로 내리막길을 걸으면서 다시 부산으로 내려갈 수밖에 없게 되었다. 안타깝고 미안했다. 성민이는 그간의 시간이 아깝고 내가 원망스러웠을 텐데도 전혀 내색하지 않았다. 동고동락하면서 재미있었던 기억만 계속 이야기하는, 사려 깊고 배려가 넘치는 멋진 친구였다.

그 후로 오랜 기간 서로 부산과 서울을 오가며 만나기노 하고, 자주 통화하며 안부를 주고받던 그 친구가 몇 년 전 자동차 세일즈에 뛰어들겠다고 했을 때, 세일즈 분야에서만큼은 선배로서 여러 조언을 해줄 수 있어 기뻤다. 그리고 그는 지금 그 회사에서 줄곧 판매 1등을 유지하고 있다.

1등의 알고리즘은 중독성이 무척이나 강하다. 한 분야에서 1등을 맛보면 다른 분야에서도 계속 1등을 하려 노력하며 주변 사람들도 그것에 영향을 받는다. 현재 나는 내가 속한 회사의 여러 사업단 중에서도 몇 년째 최고의 실적을 기록하며 챔피언을 놓치지 않는 사업단을 운영하고 있다. 아마 앞으로 진행될 여러 사업에서도 그렇게 될 것이다. 그렇다고 믿으니까! 그대들도 꼭 한 번 1등을 경험해보길 바란다.

정보를
지식으로 만들기

"아는 만큼 보인다"는 말이 있다. 각자가 경험하고 느끼고 알고 있는 정도에 따라 어떤 일에 대해 생각하고 판단하며 대처하는 방식이 달라진다는 의미이다. 글자를 모르면 글을 읽을 수 없는 것처럼 알지 못하니 보지 못한다. 또 아무리 명작이라고 일컬어지는 영화를 봐도 어떤 사람에게는 그저 지루한 영화로밖에 보이지 않는다. 그래서 지식은 중요하다. 어떤 일에 도전할 때도, 돈을 모으는 데도, 건강을 지키는 데도 생판 모르는 상태에서 일을 저지르면 낭패를 보기 십상이다.

바야흐로 정보가 넘쳐나는 시대이다. TV, 유튜브, SNS 등 온갖 도구를 통해 우리는 다양한 정보를 접한다. 그중에는 인생에 큰 도움을 주는 아주 중요한 정보들도 있지만, 필터링을 거치지 않은 거짓 정보들도 많다. 그리고 이처럼 정제되지 않은, 그럴듯해 보이는 정보들을 이리저리 퍼 나르거나 주변 사람들에게 진지하게 소개하기도 한다. 그럼에도 불구하고 이 같은 정보들을 활용하기에 유리한 시대라는 것만큼은 부인할 수 없는 사실이다.

그렇다면 정보는 습득하는 순간 지식이 될까?

지식경영의 대가 중 한 명인 로버트 던햄(Robet Dunham)은 책과 컴퓨터가 보유하고 있는 내용은 지식이 아니라 정보라고 말하면서 "우리가 하는 모든 일은 아는 것이고, 모든 아는 것은 행하는 것이며, 주어진 상황에서 효율적으로 행동할 때 지식으로 인정한다"고 했다. 아는 게 곧 지식이 아니라 아는 걸 효율적으로 행하는 게 지식이라는 뜻이다.

또 미국 애리조나대학교 심리마케팅학과 교수인 로버트 치알디니(Robert B. Cialdini)는 자신의 책 《설득의 심리학》에서 "정보는 바로 지식으로 바뀌는 것이 아니라 정보를 처리하고, 평가하고, 흡수하고, 이해하고, 통합하고, 보유해야 지식"이라고 말했다. 정보를 자기만의 방식으로 가공해 새롭게 만들어 내야 지식이 된다는 얘기다.

단순히 아는 것은 정보일 뿐 지식이 아니다. 아는 것을 자기만의 것으로 내재화시켜야 지식이 된다. 정확하게 말로 설명할 수 있어야 지식이다. 잊어버리지 않는 가장 효율적인 공부법도 친구들이나 가족, 아니면 반려동물이라도 앉혀 놓고 설명하면서 하는 공부라고 한다. 내재화되어 있지 않으면 말로 설명할 수 없기 때문이다. 그러니 정보가 아닌 지식을 쌓아야 한다. 지식이 풍부할수록 시야가 넓어지며, 그렇게 넓어진 시야는 평생을 사는 내내 곳곳에서 탁월한 능력을 발휘한다. 또한, 바늘구멍 같은 좁은 눈, 좁은 견해로 사는 사람과 시원하게 탁 트인 눈으로 사는 사람은 삶을 대하는 태도가 다르다.

    세일즈를 오래 해온 사람의 관점에서 보아도 확실히 지식이 풍부하면 유리하다. 내가 판매하는 상품에 관해서만 이야기하는 것이 아니라 내재화된 배경지식을 바탕으로 다양한 예를 들면서 풍부한 어휘로 설명하면 듣는 고객 입장에서는 믿음의 단계가 달라진다. 살까 말까 망설이는 고객에게는 분명 사게 만드는 마법의 기술이 된다. 이는 비단 세일즈에만 통용되지 않는다. 다양한 사람들과 관계를 맺을 때도 지식은 큰 무기가 되어 내 삶을 풍요롭게 만들어준다.

    나는 지금 당장 내가 가진 모든 것을 잃고 알거지가 된다고 해도 다시 일어날 자신이 있다. 6개월 안에 월 1천만 원 이상은 벌 수 있다. 게다가 그 수입을 가파르게 높여갈 수도 있다. 한 친구는 나에게 근거 없는 자신감이 승리를 부른다고 했으나 그렇지 않다. 근거 있는 자신감이다. 당장이라도 인터넷을, 인스타그램을, 유튜브를 검색해보라. 돈을 버는 방법이나 정보는 세상천지에 널렸다. 이를 지식화해 내 스타일로 창조하면 얼마든지 가능하다. 많은 실패를 경험하고 얻은 지혜라고나 할까. 바로 그것이 지금 당장 무일푼이 된다고 해도 1도 타격을 받지 않으리라는 자신감의 근거다.

쏟아지는 정보 중 나에게 도움이 될 만한 정보들을 추려 지식으로 변환시키는 과정은 그래서 아주 중요한 작업 중 하나다. 나는 언제부터인가 뉴스나 신문을 자주 보지 않는다. 앞서 말했듯 자극적이고 편향된 기사들이 너무 많아서다. 뉴스만 보고 있으면 이 흉흉한 세상을 어떻게 살아갈지 너무 걱정되고, 넘쳐나는 사건과 사고가 멘탈을 흔든다. 그래서 뉴스를 보더라도 필터링이 필요하다. 잘 걸러내어 유익한 정보들을 지식화할 수만 있다면 그 또한 좋은 도구가 되기 때문이다.

배우고 모방하고 취합해서 그대들만의 스타일로 새롭게 창조해보자. 정보를 지식화시켜 내 일에 잘 적용하면 한 걸음 한 걸음 다져나가던 때를 지나 어느 순간 성큼성큼 큰 걸음으로 성장하는 그대들을 만나게 될 것이다. 계속 배우고 학습하며 정보를 지식으로 변환시키는 사람들의 성장 속도는 꼭대기를 향해 수직으로 올라가는 엘리베이터처럼 가파를 수밖에 없다. 오늘도 떠돌아다니는 수많은 알찬 정보를 자신만의 소중한 지식으로 변화시키는 그대들이 되길 응원한다.

정보가 아닌 지식을 쌓아야 한다.
지식이 풍부할수록 시야가 넓어지며,
그렇게 넓어진 시야는 평생을 사는 내내
곳곳에서 탁월한 능력을 발휘한다.

생각 즉시
행동하기

'생각대로 되었다.'

내가 운영하는 사업단의 슬로건이다. 원래는 '생각대로 된다'였는데, '되었다'라는 과거완료형 표현으로 확언의 힘을 배가시켰다. 나는 그렇게 '생각' 신봉자라고 할 만큼 '생각의 힘'을 중요하게 생각한다. 내 생각이 곧 나 자신이며, 내가 생각하는 대로 인생이 되어간다고 믿기 때문이다.

작가 론다 번(Rhonda Byrne)이 쓴 세계적인 베스트셀러 《시크릿》과 같은 내용의 책에 대해 불만을 표하는 사람들이 종종 있다. 생각만 한다고 어떻게 다 이루어지냐며 '끌어당김의 법칙'을 비난한다. 참으로 안타깝다. 네빌 고다드(Neville Goddard), 제리(Jerry Hicks) & 에스더 힉스(Esther Hicks), 나폴레온 힐(Napoleon Hill), 월러스 워틀스(Wallace D. Wattles), 조셉 머피((Joseph Murphy) 등 저명한 작가들이 하나같이 생각의 힘과 끌어당김의 법칙 원리를 설명하며 실체라고 주장하는데도 그렇다. 그런데 이해가 되는 것도 사실이다. 그 힘을 경험해보지 못한 상태라면 얼마든지 그럴 수 있다.

나는 '생각의 힘'을 믿는다. 반면, 가만히 생각하고 상상하기만 한다고 현실이 '짜잔' 하고 생각대로 된다고는 믿지 않는다. 인생은 생각대로 되는 게 사실이지만, 그저 생각만 하고 있다면 허망한 공상이나 다름없다. 생각했다면 잠시도 망설이지 말고 그 즉시 '행동'을 해야 한다. 이미 이루어진 상태임을 느끼면서 그 생각의 끝에서 시작된 기초를 다지는 행동부터 개시해야 한다. 우주는 움직이는 사람들에게만 원하는 것을 가질 수 있도록 설계되어 있다. 행동하는 도중에 생각대로 되지 않거나 고통을 인내해야 하는 순간도 오겠지만, 그럴 때도 우직하게 밀고 나가야 생각대로 이루어진다.

성공 그래프는 일직선으로 뻗지 않는다. 마치 롤러코스터를 타듯 오르락내리락을 반복하며 완성된다. 정상이라는 생각이 들 때쯤 다시 아래로 미끄러져 내려오기도 하고, 바닥이 어딘지 모를 만큼 고통스러울 때 급격하게 상승하는 타이밍이 찾아오기도 한다. 그런데 그 변곡점에서, 내리막에서 상승으로 전환시키는 방법은 단 하나, 오직 '행동'뿐이다. 이미 잘된 모습을 지독하게 상상하면서 그 상상대로 흘러가도록 지금 즉시 움직이는 것뿐이다. 오늘 움직이지 않으면 돌아올 미래는 후회만 가득할지도 모른다. 오늘 걷지 않으면 인생의 지각생인 나처럼 내일은 뛰어야 한다. 과거에 살지 말고 현재를 살자. 어차피, 현재의 반복이 내 미래가 될 테니······.

행동은 동기가 있어야 가능하다. 동기는 행동을 유발시키는 위대한 자극제다. '당신은 얼마나 간절하십니까?' 내 컴퓨터를 켜면 모니터 바탕화면에 딱 뜨는 문장이다. 올해는 이 바탕화면을 계속 유지하고 있는데, 출근 후부터 시작해 업무를 마치고 퇴근할 때까지 중간중간 계속해서 볼 수밖에 없다.

간절함의 크기만큼 행동한다. 그대들은 지금 얼마나 간절한가? 그만큼 행동하고 있는가? 스스로 자문해보자. 동기부여를 촉진하는 영상 보기, 자기계발서나 성공한 사람들의 자서전 읽기 등 자신을 자극하는 방법은 많으며, 자극받고 움직이면 내가, 나의 세상이 바뀐다.

《정상에서 만납시다》의 저자이자 세계적인 연설가 중 한 명으로 꼽히며, 자기계발과 동기부여 분야의 전문가인 지그 지글러(Zig Ziglar)는 "사람들은 동기부여는 오래가지 않는다고 말한다. 목욕도 마찬가지다. 그래서 매일 하라고 하는 것이다"라고 말했다. 그렇다. 아주 명쾌하고도 단순한 이치다. 매일매일 습관적으로 동기를 부여하고, 행동으로 그 열정을 지속시켜야 한다. 행동으로 연결되지 않는 동기부여는 행동하지 않는 생각과 같다.

앞서도 얘기했지만, 나는 MBTI 유형 중 극 F에 속한다. 동기부여 영상이나 명언 등에 자극을 잘 받는 스타일이다. 그래서인지 쉽게 가슴이 뜨거워질 때도 많았고, 성공의 열망을 마음에 가득 품을 때도 종종 있었다. 하지만 자극받을 때 잠깐뿐 뭘 어떻게 해야 할지 몰라 어느 순간 까맣게 잊어버리고 다시 되는 대로 타성에 젖곤 했다. 움직이지 않으니 되는 일이 없었고, 실의에 빠져 살았다.

무엇부터 시작해야 할지 모르겠다면 당장 아침에 이불부터 개고 나가자. 외출했다 돌아오거나 퇴근 후 집에 왔을 때 가지런히 놓여 있는 이불을 보는 것만으로도 나를 이겨냈다는 마음에 뿌듯한 승리감을 느낄 수 있고, 그 승리감이 다시 동기부여로 작용할 수 있다. 거창하게 생각하면 복잡해지기만 하고 하기 싫어진다. 어렵게 생각하지 말고, 성공을 생각했다면 그에 걸맞은 목표를 정하고 그것을 세분화시킨 후 당장 할 일부터 하자. 오늘 할 일, 지금 할 일부터 정하고 알차게 마무리하면 결국 그 오늘이 찬란한 미래가 되어 그대들 앞에 눈부신 모습을 드러낼 것이다.

하나 먼저
탄탄하게 구축하기

요즘 사람들 사이에서 파이프라인을 구축해야 한다는 말이 유행처럼 번지고 있다. 파이프라인이 뭘까? 사전적 의미로는 "석유나 천연가스 따위를 수송하기 위하여 매설한 관"이지만, 여기서 말하는 파이프라인은 '소득이 들어오는 경로' 또는 '소득이 발생하는 경로'를 뜻한다.

1998년 IMF 이전까지의 직장은 평생 다니는 곳이었다. 그때는 아버지나 어머니 한 사람만 직장인이어도 괜찮았던 시대로, 대기업뿐만 아니라 탄탄한 중소기업이나 은행 등은 특별한 문제가 없는 한 정년이 될 때까지 안정적으로 다닐 수 있었다. 하지만 지금은 그런 시대가 아니다. '평생 직장'이란 없다. 내로라하는 대학을 졸업하고 입사한 대기업도 내 미래를 책임지지 않는다. 언제든 그만둘 수도, 그만두어야 할 수도 있으며, 그렇게 될 거라는 걸 우리는 잘 안다. 그래서인지 대기업에 입사했다가 조기에 퇴사하는 사람도 많다고 하는데, 대기업에 국한된 조사는 아니지만, 리쿠르팅 회사인 '사람인'에서 2019년에 조사한 바에 따르면 입사 1년 차에 퇴사하는 비율이 48.6%에 달하는 것으로 나온다. 자의든 타의든 그만큼 빨리 그만두는 사람들이 많다는 걸 수치로 증명하고 있다.

또한, 이제는 한 가지 직업만으로는 살아갈 수 없는 시대가 되었다. 수명은 늘어났는데 회사에서는 시시각각으로 그만두게 될 위험에 놓여 있으니 하나에 목을 매다가는 언제 낭떠러지 앞에 서게 될지 모른다. 그러니 사람들이 저절로 소득이 발생하는 파이프라인 구축을 위해 발 벗고 나서서 블로그, 유튜브 등에 콘텐츠를 올리기 시작하지만, 정기적으로 콘텐츠를 생산하고 업로드하기는 생각처럼 쉽지 않다. 게다가 별로 주목받지 못하는 콘텐츠라면 수십, 수백 개가 되어도 수입으로 연결되지 않는다. 내가 전혀 움직이지 않고 시스템에 의해 수입이 늘어난다면 얼마나 좋을까? 그런데 그런 일은 없다.

사실, 초기에 열심히 해놓으면 그다음부터는 큰 수고를 들이지 않아도 시스템에 의해 수입이 들어오는 경로가 있다면, 그런 파이프라인이 있다면 반드시 구축해놓아야 한다. 그럼에도 불구하고 한 가지 명심해야 할 것은 주 수입원을 확실하게 만들어놓은 뒤여야 한다는 점이다. 직장이든 사업이든 마찬가지다. 나도 욕심 많고 성격이 급해 한 가지에 집중하지 못하고 이것저것 사업을 넓힌 적이 있었다. 결과는 모두 처참했다. 잘되고 있고 앞으로도 잘될 것이라며 들뜨는 순간 고꾸라졌다. 비단 나만의 이야기가 아니다. 그런 사람들은 많다.

나무도 뿌리를 든든히 내려야 솟아오른다. 그러고 나서야 수많은 가지가 무성하게 뻗어나간다. 중심이 없는 가지는 없다. 일도 그렇다. 먼저 본업이 단단해야 한다. 직장인이라면 업무 영역에서 꼭 필요한 사람이 되어야 하며, 사업을 한다면 그 사업을 탄탄하게 만들어놓는 게 먼저다. 그 후 남는 시간을 쪼개 가며 파이프라인을 늘려야 한다. 본업에 방해되지 않는 정도에서 말이다. 만약, 주객이 전도되어 버린다면 이도 저도 아니게 될 가능성이 크다.

정확히 10년 전, 강남에서 처음으로 사업자등록을 냈다. 믿을 만한 안정적인 베이스가 있어 호기롭게 시작한 만큼 사업은 1년도 안 되어 '이거 정말 이러다 금방 부자되는 거 아니야?'라는 생각이 들 정도로 성장했는데, 그러자 나는 여기저기서 들어오는 제안을 전부 수용해 여러 갈래로 사업을 확장했다. 하지만 그러면서 순항 중이던 본업에 집중하지 못한 결과 모두 다 전멸되다시피 망해버렸다. 생각해보면, 욕심이 불러온

화였고, 당연한 수순이었다. 지금도 혹할 만한 사업 제안이 종종 들어오지만, 아주 신중하게 접근할 뿐만 아니라 본업과 관련이 없는 것들은 배제한다. 그때의 깨달음 때문이다.

대기업에서 일하는 친구가 한 명 있었다. 연봉도 괜찮았고, 인생도 평온해 보였다. 그러던 어느 날, 늘 사업을 하고 싶다는 가슴속 열망을 가라앉히지 못하고 요식업 점포를 오픈해 낮에는 회사에서, 저녁에는 가게에서 일을 했는데, 가게가 예상보다도 훨씬 잘 되었다. 하지만 그 친구는 회사를 계속 다니다 체인화가 된 후에야 그만두었다. 지금은 체인점이 30개가 넘고, 폐업한 점포는 단 1개도 없는 위대한 프랜차이즈 법인의 대표가 되었다. 그러더니 원래부터 하고 싶어 했던 패션 회사까지 설립했다. 몇 년 동안이나 투잡을 유지하면서 아무리 몸이 힘들어도 회사를 그만두지 않았고, 가게가 아무리 잘돼도 신중하게 행동했다.

나 또한 금융서비스업을 본업으로 삼아 열심히 일구고 난 뒤에야 마케팅 회사를 설립했다. 최근 한 5~6년 정도는 남들 잘 때 안 자고, 쉴 때 안 쉬고, 먹는 시간조차 아껴가며 평일, 주말 가리지 않고 초집중 상태로 살았다. 그리고 이제 안정되었다는 판단하에 마케팅 회사, 세무, 강사, 작가 등으로 파이프라인을 늘려나가는 중이다.

그대들도 자신의 주된 일을 먼저 반석 위에 올려놓길 바란다. 그렇게 해서 성공과 성취감을 맛보면 새로운 파이프라인을 구축할 때도 그 경험이 토대가 되어 성공확률이 현저하게 올라간다. 핸드폰과 PC만 있으면 어디서든 일할 수 있는 시대다. 본업에서 성공을 거둔 후 또 다른 파이프라인에 도전하는 건 자신의 한계를 뛰어넘는다는 의미만으로도 그 값어치가 충분하다. 위대한 그대들이여! 알을 깨고 세상으로 나오자. 단, 본업에서 단단히 자리를 잡은 뒤에!

롤모델 찾기

　무엇을 잘하고 싶다면 어떻게 하는 게 가장 성공 가능성이 높은 길일까? 혹시, '펜습자'라는 걸 아는가? 점선으로 쓰여 있는 글자 위에 점선을 따라 쓰도록 만들어진 노트로, 글씨체를 교정하고 싶거나 잘 쓰고 싶을 때 이용하는데, 몇 권만 따라 쓰다 보면 괴발개발 하늘로 날아가던 글씨체도 반듯한 정자체가 된다. 요즘 한창 유행하는 필사도 마찬가지다. 책을 읽는 것뿐만 아니라 마음에 쏙 들어오는 문장을 따라 적다 보면 그 글귀가 가슴속에 새겨지고 어느새 내가 여러 면에서 성장하고 있음이 느껴진다.
　인생도 그렇다. 일을 잘하고 싶으면 잘하는 사람을 본보기로 삼고, 성공하고 싶으면 이미 성공한 사람들의 방법을 벤치마킹하라고 한다. 롤모델을 찾아 그대로 따라 하다 보면 목표를 이룰 가능성이 높아지기 때문이다. 맞는 말이다. 하지만 똑같이 따라 한다는 건 말만큼 쉽지 않다. 해본 사람은 안다. 수십 년을 서로 다른 방식으로, 다른 환경에서, 다른 형태로 살아왔는데 어떻게 쉬울 수 있겠는가. 쉽다면 누구나 성공 가도를 달리지 않겠는가! 그런데 말이다. 지금과는 다르게 삶을 바꾸고 싶다면, 쉽지 않겠지만, 그럼에도 불구하고 롤모델을 찾아 말투는 물론 아주 사소한 행동까지도 똑같이 따라 해보라. 장담컨대, 그 정도로 철저하게 하면 바뀐다.

보험업계에서는 신입 때 흔히 RP라고 하는 상담 시뮬레이션 녹취 자료로 트레이닝을 한다. 나에게도 한 선배가 10개 정도를 보내줬는데, 1개당 대략 20분에서 길게는 40분 정도가 되었다. 나는 이 녹취록을 들으며 전부 타이핑을 한 다음 무작정 외웠다. 말투와 톤은 물론 토씨 하나 틀리지 않을 만큼 완벽하게 카피했다. 그리고 나서 상담을 나갔더니 자신감이 묻어나는 내 말에 고객들이 귀를 기울였다. 그때 똑같이 따라 하는 게 얼마나 위대한 결과를 가져오는지 알게 되었다.

하지만 롤모델만큼은 찾을 수 없었다. 지금이야 인맥이 촘촘해지고 밀도 있게 교류하다 보니 롤모델로 삼을 만한 위대인(偉大人)이 많다는 걸 알지만, 당시 나는 롤모델로 삼을 만한 리더를 찾지 못했다. 아니, 위대인은커녕 내 생각에는 실력이나 인성이 별로였던 리더들만 주로 만나는 바람에 철새처럼 이 회사 저 회사를 옮겨 다녔다. 그러다 내가 리더가 되자고 결심한 순간 나는 그동안 만났던 리더들의 잘못된 점들을 전부 떠올려 나열했다. 그러고는 정확히 그들과 반대로 행동했다. 그렇게 몇 년을 지속하다 보니 어느덧 내 나름의 위대한 여정을 걷고 있는 내가 보였다.

아무것도 없는 상황에서 롤모델을 찾는 일은 생각보다 어렵고, 찾았다 해도 그가 그대들이 원하는 바를 친절하게 알려준다는 보장도 없지만 그렇더라도 포기해서는 안 된다. 자신의 분야에서 일가를 이룬 사람을 찾아 만나보자. 같은 회사 안이면 더 좋다. 거인을 만나기는 쉽지 않겠지만, 거인을 찾아가야 그대들도 거인의 길에 다가갈 수 있다.

만약, 롤모델을 찾기 어렵고 만날 수 없다면 위대한 작가, 예술가, 운동선수, 기업인 등 책이나 미디어를 통해 알게 된 사람을 롤모델로 삼아도 된다. 드라마나 만화 속 캐릭터라도 괜찮으며 꼭 한두 사람일 필요도 없다. 네빌 고다드, 모줌다, 나폴레온 힐, 잼 캐리, 바딤 젤란드, 정주영, 이건희, 김우중, 홍정욱, 이지성, 론다 번, 간다 마사노리, 무라카미 하루키, 서태지, 창모, 지코, 김하온, 강백호, 채치수, 공자, 맹자, 예수, 석가모니, 사이토 히토리, 마쓰시타 고노스케, 메시, 손웅정, 박찬욱, 봉준호, 엄마, 쿠엔틴 타란티노, 박세니, 홍상수, 백종원, 이영석, 박새로이, 안기서, 김진호 등이 모두 나의 롤모델이다. 그래서 그분들의 책과 영상 등을 자주 보고 그들처럼 생각하고 행동한다. 나도 점차 그들처럼 변해 간다. 롤모델을 찾아 함께 하거나 서로 교류하며 배우는 것이 가장 바람직하지만, 그럴 수 없다면 책이나 영상을 통해 배울 수도 있으니 그대들과 결이 맞는 롤모델을 찾아 본보기로 삼아보자.

따라 생각하고, 따라 행동하는 것은 결국 되고 싶은 나로 가는 길이다. 따라 한다고 창피하다거나 자존심 상한다며 노여워하지 말자. 어차피 증명된 사람을 따라 하는 일이다. 자존심 따위는 잠시 내려놓길 바란다. 창조하고 싶다면 우선 완벽히 모방하고 난 뒤에 그대들의 스타일로 새롭게 만들어내면 된다. 그러려면 어설프게 따라 해서는 안 된다. 완벽하게 자기 것으로 만들어야 한다.

앞서도 말했지만, 나는 몇 년 전에 업계 롤모델을 만났다. 현재 마이 리더인 안기서 상무님인데, 그분의 인품과 증명된 커리어 등은 나의 롤모델로 충분할 뿐만 아니라 존경할 수밖에 없다. 그리고 나는 그분과 매일 소통하며 그가 걸었던 길을 따라가기 위해 노력한다. 살다 보면 나처럼 운 좋게 귀인을 만나기도 한다. 그대들의 인생도 롤모델로, 귀인으로 가득해지길 응원한다.

책과 대화하기

'중국의 대표적인 시인'이라고 하면 누가 생각나는가? 당나라 때 사람 두보(杜甫) 아닐까? 최고의 시인이라는 뜻에서 시성(詩聖)으로도 불리는 그의 《두공부시집》에는 '남아수독오거서(男兒須讀伍車書)'라는 고사성어가 나온다. '남자라면 모름지기 다섯 수레만큼의 책을 읽어야 한다'는 말로, 인간의 삶에 독서가 얼마나 중요한지 강조하는 말이다. 그가 살았던 8세기는 여자가 마음놓고 글을 배울 수 있는 시대가 아니었으니 부디 '남아'라는 표현에 화내지 말기를…….

예전에는 지하철에서, 버스에서, 공원에서, 장소를 가리지 않고 책 읽는 사람들을 종종 볼 수 있었다. 그런데 지금은 누구 하나랄 것도 없이 모두 스마트폰만 들여다본다. 게임을 하거나, 드라마를 보거나, 스포츠 중계를 시청하거나, 유튜브를 본다. 어렸을 때는 많이 읽던 책도 중학생, 고등학생이 되면 공부 때문에 책과 멀어진다. 그리고 그런 채로 살아간다. 혹시, '인공지능(AI) 시대에 무슨 책을 읽어. 챗GPT 같은 생성형 AI가 다 해결해줄 텐데'라고 생각하는가? 그렇다면 빌 게이츠, 일론 머스크 등 세계적인 IT 기업을 이끄는 사람들이 독서광이라는 사실을 상기해야 한다. 그들은 AI 시대라고 해서 컴퓨터와 모바일 기기가 우선이라고 절대 이야기하지 않는다고 한다.

나는 책을 통해 인생이 바뀌었다고 자신 있게 말할 수 있다. 책을 읽지 않았던 때의 삶과 매일 읽는 때의 삶이 천양지차가 되었기 때문이다. 그런 만큼 독서의 위대함에 관해서는 2박3일 동안도 떠들 수 있다. 물론, 나도 20대까지는 책을 거의 읽지 않았다. 30대에 들어서 본격적으로 독서를 시작했는데, 처음에는 책을 펴기만 하면 졸렸다. 게다가 한 권을 다 읽어야 한다고 생각하니 오히려 읽기가 더 힘들었다.

하지만 지금은 독서가 엄청 편하다. '독서란 다 읽어야 하는 게 아니라 대화'라고 생각을 바꾸고 났더니 쉽게 졸음에 빠져들지 않았다. 어차피 독자에게 어떤 메시지를 주기 위해 쓴 글이니 일방적으로 읽는 게 아니라 저자와 이야기한다고 생각했다. 누군가와 대화를 나누면서 존다는 건 엄청난 결례 아닌가. 그런 이유로 이제는 눕지도 않고 정자세로 앉아 아주 집중해서 읽는다. 저자는 본인 이름을 걸고 아주 오랜 시간 고뇌하면서 글을 썼을 텐데 나는 그 값진 지혜와 지식, 정보를 저비용으로 획득하니 이 얼마나 감사한 일인가. 글을 써보니 세상의 모든 작가들이 더 위대해 보인다.

독서를 대화라고 생각하는 내가 읽은 책에는 메모가 많다. 동의하는 부분 또는 다른 생각이 떠오른 부분들에 밑줄을 치거나 메모하기도 하고, 저자와 생각이 다른 부분에도 내 생각을 써놓는다. '좋은 책'이라고 판단되면 몇 번이고 다시 읽는다. 그리고 나서는 밑줄을 긋고 생각을 정리해 둔 부분을 유심히 다시 본다. 그러면 그 내용들이 나의 장기기억으로 넘어가 대화할 때 나도 모르게 툭툭 튀어나오곤 한다. 위대한 작가들의 인사이트들을 체득하니 내 삶이 더욱 풍성하게 느껴진다. 그대들도 다독과 재독으로, 메모와 비판으로 삶을 위대한 인사이트로 가득 채우길 바란다.

또한, 책을 읽고 좋다고 생각되는 힌트나 행동들을 발견하면 즉시 실행한다. 지체하지 않는다. 책을 읽고 좋다고 감탄만 하고 만다면 머릿속엔 있을지 몰라도 삶에 적용되지는 않는다. 그래서 즉시 실행에 옮겨 나의 인생에 관여시킨다. 상상하라고 하면 상상하고, 외치라고 하면 외치고, 어포메이션하라고 하면 어포메이션하고, 운동하라고 하면 운동을 한다. 그냥 심플하다. 지금 매일 내가 하는 여러 가지 루틴도 대다수가 책에서 얻었다. 읽는 데 그치지 말고 삶에 적용하면 인생의 변화를 목격하게 된다.

"독서는 재화 창출의 기술"이라는 말을 들어보았는가? 2004년부터 지금까지 수만 명의 인생을 바꾼 전설의 심리 컨설턴트 박세니 님의 말인데, 나도 이에 동의한다. 돈 버는 기술을 큰돈 들이지 않고 알려주는 위대한 도구가 독서다. 그런데 사람들의 무의식 속에는 여전히 '책은 지겨워', '독서는 잠을 자고 싶을 때 하는 거야', '책 읽는다고 무슨 돈을 벌어'와 같은 생각이 깊게 자리잡고 있다. 말로는 책을 읽어야 한다고 하지만, 어릴 때부터 그냥저냥 농담 반 진담 반으로 하던 얘기가 어느새 뇌리에 박히고 말았다. 낮은 비용으로 방대한 지식과 지혜를 습득하는 고효율 도구로 독서보다 더 위대한 게 있는가? 있다면 꼭 좀 알려주시라. 시작에 늦은 때란 없다. 오늘이 시작하기에 가장 좋은 날이다. 지금부터라도 책과 친해지자.

매일 독서하는 사람과 전혀 안 하는 사람의 10년 뒤, 20년 뒤 인생은 어떻게 달라질까? 독서의 위대함에 관해서는 일일이 나열하기에는 너무나도 버거운 수많은 예가 있으니 굳이 얘기할 필요도 없다. 독서만 하는 사람과 독서에서 배운 것을 삶에 적용하는 사람의 미래도 마찬가지다. 선택은 언제나 그대들의 몫!

'독서란 다 읽어야 하는 게 아니라
대화'라고 생각을 바꾸고 났더니
쉽게 졸음에 빠져들지 않았다.

지독히 상상하기

생각대로 되었다. 그렇다. 내 인생은 생각대로 되었고, 생각대로 되어가는 중이다. 물론, 어느 정도의 오차는 있을 수밖에 없으므로 가늠자 수정은 지금까지처럼 앞으로도 계속 필요하겠지만, 큰 맥락에서 보면 내 생각대로 흘러가고 있다. 생각은 에너지고, 그 에너지는 실체라서 그대로 현실이 된다는 많은 위대인들의 발언을 믿는 사람은 그 생각대로 살 것이고, 부정하거나 무관심한 사람들은 그대로 살게 될 것이다.

생각의 일환인 상상력의 중요성에 대해서도 많은 사람이 이야기한다. 역사상 가장 위대한 천재 물리학자인 알버트 아인슈타인(Albert Einstein)은 "상상력이 지식보다 중요하다"고 말했다. 지금 우리가 사는 세상 또한 2차원이든 3차원이든 4차원이든 상상한 대로 흘러왔다. 마차를 타고 다닐 때는 자동차를 상상했고, 기름으로 불을 켤 때는 환한 전깃불을 상상했으며, 하늘을 나는 상상은 비행기를 만들어냈다. 영화 〈아이언맨〉에서 주인공이 입는 로봇 슈트를 보면서 '아, 저런 게 있으면 얼마나 좋을까' 생각하며 날아다니는 상상을 해본 적 있는가? 영화에 나오는 것처럼 아직 하늘을 날지는 못하지만, 몸에 장착하면 들 수 없었던 무거운 물건을 들 수 있게 해주는 '클로이 슈트봇'이 우리나라 대기업에서도 개발되었다고 하니 언젠가 하늘을 날아다니는 슈트를 입을 수 있게 될지도 모른다. 이 모두 상상이 만들어낸 현실이다.

　미국의 한 고등학교에서 학생들을 세 그룹으로 나누어 농구실력과 상상력에 관한 실험을 했다고 한다. 첫 번째 그룹은 하루에 한 시간씩 자유투를 연습하도록 했고, 두 번째 그룹은 아무것도 하지 않도록 했으며, 세 번째 그룹은 하루에 한 시간씩 상상으로 자유투를 연습하도록 했다. 결과가 어땠을 것 같은가? 첫 번째 그룹의 학생들은 자유투 실력이 2% 향상되었고, 두 번째는 2% 감소했으며, 세 번째 그룹의 학생들은 3.5%가 향상되었다고 한다. 상상만으로도 실제 연습한 것보다 더 실력이 좋아졌다니 놀랍지 않은가?

　인생도 마찬가지다. 나는 소소하지만 현실화하고 싶은 게 있으면 먼저 상상을 한다. 내 지인들은 내가 '우주의 알고리즘'이라는 표현을 써가며 말하는, 작은 일부터 규모 있는 일까지 현실화되는 모습을 보여 신기해한다. 어쩌면 아인슈타인의 말과 반대로 상상보다 실체적인 지식이 중요하다고 생각할지 모르지만, 나는 무한대인 상상력을 바탕으로 인생을 창조해 나가는 것이 더 위대한 방법이라고 생각한다. 그대들도 상상을 취미로 삼아 그대들이 원하는 인생을 상상해보라.

　2023년 봄, 친구들과 평온하게 낮술을 마시고 있을 때였다. 술김에 서로 마흔 살의 우정을 기념하는 보디 프로필을 한 번 씩어보자는 말이 나왔다. 당시 친구 둘은 보통의 애주가처럼 배가 꽤 나와 있었고 나는 반대로 멸치 같은 몸매의 소유자였다. 얼떨결에 약속을 잡고 약 4개월간 아침마다 매일 빠지지 않고 운동을 하다 보니 재미가 들면서 자연스럽게 식사량도 늘어났는데, 그렇게 10Kg을 증량했다가 보디 프로필을 찍기 직전 다시 10Kg을 감량한 후 지금의 몸이 되었다. 두 친구는 비만에서 탈출해 혈압 등이 정상으로 돌아왔고, 나도 얼굴은 갸름해진 데다 몸은 커지는 위대한 변화를 경험했다.
　중요한 건 근육이 붙고 몸이 바뀌었다는 게 아니다. 운동 경험이 전혀 없던 내가 짧은 시간에 몰라보게 변화할 수 있었던 건 상상의 힘이었다는 것이다. 나는 그 기간 동안 지독하리만치 보디 프로필을 찍는 D데이에 무조건 멋지게 변화된 내 몸이 사진으로 찍혀 나오는 걸 상상했다. 몸 한 부위 한 부위도 이미 완성된 상태를 상상하며 집중해 운동했다. 그게 보디 프로필 촬영에 성공한 비결이었다.

보디빌딩 선수가 된 것도 아니고, 그냥 보디 프로필 한번 찍은 것 가지고 무슨 대단한 일이라도 해낸 것처럼 호들갑이냐며 비웃을지도 모른다. 하지만 나는 이미 결과를 살고 있었다. 일 때문에 가져야 하는 술자리가 많아 매일 술을 마시면서도 내 몸은 멋지게 변화되리라고 상상하며 확신했다. 내 스케줄을 아는 사람들은 절대 불가능하다며 믿지 않았지만 나는 결과로 증명해냈다. 게다가 마음이 변하면 신체가 변한다는 걸 경험한 후에는 반대로 신체가 변해도 마음이 변한다는 귀한 사실도 알게 되었다. 몸이 단단해지고 신체가 튼튼해지니 건강은 물론이고 자신감이 생겨 더 모든 일에 적극적으로 임하는 나를 보았기 때문이다.

지금 그대가 되고자 하는 모습이 있는가? 그러면 상상하자. 아주 지독히 그리고 자주 상상하면서, 마치 상상과 현실을 구분할 수 없을 정도로 실존이라고 느끼면서 살면 결국 그대로 될 것이다. 상상이 현실이 된다고 믿는다면 생각보다 빠르게 현실이 되어 눈앞에 나타날 수도 있다. 우리 뇌는 현실과 상상을 구분할 수 없다고 하질 않는가. 뇌를 속이고 결과에 살자. 그러면 결국 그 결과를 이루어내고 만다. 그대들의 상상이 그대들의 인생이 된다.

함께 살기

조선을 건국한 태조 이성계가 어느 날 무학대사를 놀리려고 툭 터놓고 얘기하자며 말을 걸었다.

"내 눈에는 대사님 얼굴이 돼지로 보입니다."

그러자 무학대사가 대답했다.

"전하의 용안은 부처님 같습니다."

"돼지 눈에는 돼지만 보이고 부처 눈에는 부처만 보인다"는 부처님 말씀을 인용해 자신에게 장난을 건 이성계에게 한 방 먹인 무학대사의 이야기다.

예전의 나는 인간이 싫었다. 사람들이 나쁘게만 보였고, 인간이라는 동물의 단점만 눈에 들어왔다. 하지만 지금은 다르다. 좋은 사람들이, 장점이 먼저 보인다. 인간의 무한한 잠재성에 대해 깊이 생각한다. 지나치게 낙관하거나 긍정하면서 살라거나 세상을 평화롭게만 보라고 권유하려는 게 아니다.

사람을 대하는 기본적인 태도와 시선에 관한 이야기다.

사람 만나기를 어려워하는 사람이 있다. 나도 그랬다. 또 집순이, 집돌이처럼 혼자 있는 시간을 소중하게 여기며 즐기는 사람들도 있다. 인간관계의 복잡다단함을 생각하면 어쩌면 그렇게 사는 게 편할지도 모른다. 하지만 그러다 보면 은둔형 외톨이, 히키코모리가 되기 십상이다. '사람'의 준말이 '삶'이라고 한다. 사람은 사람과 관계를 맺어가며 살 수밖에 없다는 의미심장한 말 아닐까?

돈 벌 기회 또한 마찬가지다 사람에게서 나오고, 사람한테 잘하면 그것이 돌고 돌아 결국 나를 이롭게 한다. 내 일인 보험 및 금융 서비스 분야에서는 그 같은 일이 더 빈번히 일어난다. 고객을 속이거나, 많이 벌기 위해 나에게는 이롭고 고객에겐 안 좋은 상품을 팔면 얼마 안 가 망한다. 반면, 고객에게 어떻게 도움을 줄지 먼저 생각하면 돈이 따라온다. 그래서 나는 항상 그것에 포커스를 맞춘다.

현장에서 보험상품 판매를 위해 상담을 하다 보면 고객이 가입을 차일피일 미룰 때가 많다. 가입하면 꼭 아프거나 다칠 것만 같다며 미루려 한다. 그럴 때 나는 그 고객에게 이 보험이 정말 꼭 필요한지를 먼저 생각한 후 그렇다고 판단되면 어떻게든 가입하도록 설득했다. 그리고 고객들에게 일이 생길 때마다 최대한 보험금이 지급되도록 도와드렸다. 사망보험금도 수차례 받게 해드린 적이 있는데, 소중한 사람을 잃은 뒤의 상실감까지 없애줄 순 없어 안타까웠지만, 보험금이 있어 몇 년간 생활비 걱정은 없게 되었다고 얘기하는 고객을 보면서 나름 '그때 상품을 잘 팔았구나' 하는 생각에 가입해준 고객에게 되레 고마웠다. 그러다 보니 고객들은 아프거나 다치면 제일 먼저 나를 찾았다.

현재 나의 최우선 순위는 함께 고생하는 많은 동료들을 행복하게 해주는 역할이다. 영업하는 사람들에게 가장 큰 고민은 고객을 만나는 일이다. 내가 마케팅 회사를 설립한 이유이기도 한데, 그들이 어렵지 않게 고객을 만날 수 있도록 시스템을 구축했고, 여러 방면의 지원을 통해 소득이 상승할 수 있도록 돕고 있다. 최상이라고 할 수는 없지만 지금의 형편에서 최선을 다해 서포트하려 노력한다. 그로 인해 소득이 높아지고, 자신의 직업에 만족하면서 좋아하는 동료들을 보면 나도 기쁘다. 가슴 한편이 뿌듯하다. 물론, 내 소득도 올라간다. 그래서 나도 내 일이 너무나 좋고 행복하다. 이 책도 그렇다. 별 볼 일 없는 마흔 살 남자의 소소한 이야기지만 누군가 한 사람이라도 좋은 영향을 받는다면 행복할 것이다.

식당에 가면 '혹시 내가 밥값을 내줄 사람이 없을까' 하고 주위를 둘러본다는 사람이 있다. 그러다 군인이나 어르신을 모시고 식사하는 젊은 사람들이 있으면 양해를 구하고 기어코 밥값을 대신 낸다는데, 바로 의약품 회사 팜젠사이언스의 한의상 회장이다. 그는 가난한데다 별 재주도 없는 자신을 성공으로 이끈 원동력은 결국 '사람'이었다며 다음과 같이 말했다.

"많은 사람이 나를 만나면 '성공의 비결'을 묻습니다. 나는 아직 그런 소리를 들을 위치에 있다고 생각하지는 않지만, 그 대답으로 늘 '사람'을 얘기합니다. 세상이 아무리 변해도 사람은 존재할 것이고, 성공하든 실패하든 그 끝에는 사람만 남으니까요. 위대한 학자나 성공한 사업가, 큰 권력을 쥔 사람들의 공통점은 사람을 통해 세상을 본다는 것입니다."

인생은 복잡하면서도 단순하다. 결국은 사람이다. 사람에게 도움을 주고 가치를 제공하면 나의 가치도 더불어 상승하게 되어 있다. 미워하지 말자. 미움은 미움을 낳고 내 삶을 피폐하게 만든다. 대신 만나는 사람들에게 내가 뭘 해줄 수 있을지 생각하고 실천하자. 함께 살자. 그대들의 삶이 행복해지리니!

에필로그

마음만 먹는다면
언제든 변할 수 있다

초고를 완성하고 나태지옥에 빠졌다. 수면시간이 너무 적으면 건강에 문제가 생길 수 있다는 주위 사람들의 진심 어린 걱정에 아침잠을 조금씩 늘렸다. 그러면서 하나둘 진행하던 루틴들도 자연스럽게 삭제되었다. 3개월 정도 지난 후에 나는 완전히 다른 사람으로 변해 있었다. 아침에 늦게 일어났다는 죄책감에 안 좋은 기분으로 하루를 시작했고, 온종일을 무기력한 상태로 지냈다. 분명, 일도 잘되고 소득도 계속 증가하고 있는데 기분은 한없이 깊은 땅굴 속으로 떨어져 내렸다. 마음이 무너지기 시작했다.

신기했다. 근 10년 가까이 나름 위대한 결과로 이어지리라고 생각한 루틴을 습관으로 장착하면서 인생을 180도 바꿨다고 믿었는데, 다시금 게으르고 나태한 사람으로 변하는 데는 채 100일도 걸리지 않는다니! 무서웠다. 잠시 중단했던 운동, 명상, 독서 등을 얼른 재장착하고 지금은 서서히 예전이 나를 찾아가는 중이다. 그래도 에너지가 한껏 샘솟던 그때로 돌아가려면 시간이 좀 걸릴 듯하다.

긴 시간에 걸쳐 좋은 쪽으로 변화를, 짧은 시간에 나쁜 쪽으로 변화를 경험했다. 담배를 못 끊는 이유가 언제든 담배를 끊을 수 있다고 믿는 마음 때문이란 말이 예사롭게 들리지 않는다. 그대들도 지금까지 해오던 바람직한 루틴이 있다면 나처럼 마음을 놓지 않았으면 좋겠다. 좋은 습관은 계속 늘리되 나쁜 습관은 그대들의 삶 속으로 들어오지 못하도록 막아내길 바란다.

우연히 인스타 릴스를 통해 보잘것없는 내 이야기가 누군가에게 선한 영향력을 끼친다는 사실에 기뻤고, 그 일이 계기가 되어 책 출간으로까지 이어졌다. 깊이가 담긴 명저가 목적이 아니었다. 그럴 만한 글을 쓸 위인도 못 된다. 그저 닥치는 대로 살다가 30대 중반이 되어서야 제대로 살기 시작한 마흔 살 먹은 인생 지각생의 이야기, 성공을 향해 성장해가는 한 남자의 생각을 솔직하게 쓰고 싶었다. 그렇게 내 인생을 변화시킨 이유들을 나열해보고 싶었다. 나 같은 사람도 변하는 게 가능하니 그대들은 마음만 먹는다면 언제든 변할 수 있다는 말을 해주고 싶었다. 자기 계발을 원하고, 인생 스토리에 관심 있는 독자들에게 조금이나마 도움이 되길 바라며…….

지극히 주관적인 나의 경험과 이야기가 그대들 삶에 아주 작은 한 줄기 빛이라도 된다면 더없는 영광이겠다. 그대들에게 매일 기적 같은 감동이 밀려들길! 인생은 느끼는 자의 것! 오늘도 살아 있음에 감사하며, 광활한 우주 속 유일무이한 그대들이 모쪼록 원하고 상상하는 대로 성장하길 응원한다.

렛츠기릿(Let's get it)!!!